Klaus Eickhoff
Die Sache mit Gott ist wie ein Ozean
Weit und tief und unfassbar schön

Klaus Eickhoff

Die Sache mit
Gott
ist wie ein
Ozean

Weit und tief und
unfassbar schön

Klaus Eickhoff
Die Sache mit Gott ist wie ein Ozean
Weit und tief und unfassbar schön

Best.-Nr. 271893
ISBN 978-3-86353-893-4
Christliche Verlagsgesellschaft Dillenburg

Es wurden folgende Bibelübersetzungen verwendet:
Altes Testament: Lutherbibel, revidierter Text 1984,
© 1999 Deutsche Bibelgesellschaft, Stuttgart (LUT).
Neues Testament: Neue Genfer Übersetzung NT + Psalmen,
© Genfer Bibelgesellschaft,
1032 Romanuel-sur-Lausanne, Schweiz,
Erste Auflage 2011 (NGÜ)

1. Auflage
© 2023 Christliche Verlagsgesellschaft Dillenburg
www.cv-dillenburg.de

Satz und Umschlaggestaltung:
Christliche Verlagsgesellschaft Dillenburg
Umschlagmotiv: © Unsplash.com/frank mckenna

Druck: GGP Media GmbH, Pößneck
Printed in Germany

Wenn Sie Rechtschreib- oder Zeichensetzungsfehler entdeckt
haben, können Sie uns gerne kontaktieren:
info@cv-dillenburg.de

Inhalt

Liebe Leserin, lieber Leser,

dieses Buch erzählt von der ewigen Welt, die uns umgibt und sich im Vergänglichen verbirgt. Wir müssen beim Nachsinnen darüber nicht im Trüben fischen. Über die Klugheit und Klarheit der Heiligen Schrift staunen viele, die sie kennen, jeden Tag.

„Erhebt eure Häupter!", ruft Jesus Christus den Seinen zu – wichtig für eine Zeiten wie die unsere, in der den Völkern bange ist.

Die Sache mit Gott ist wie ein Ozean! Weit und tief und unfassbar schön. Darüber schreiben zu wollen ist wie der Versuch, einen Ozean zu umarmen. Das schafft kein Mensch. Und doch möchte ich ein wenig in den Ozean der Liebe unseres Schöpfers eintauchen. Möchte erzählen, was ich sehe, was mich begeistert, was mich beglückt, was mir andere gezeigt haben, was ich selbst erlebt habe, worüber ich staune, was mir den Atem verschlägt.

Versuch, einen Ozean zu umarmen! Dazu muss man einsteigen in den Ozean seiner Liebe. So wird man selbst umarmt, getragen, durchgetragen durch gute und schwere Tage – zu *seinem* Ufer.

Viel Freude beim Lesen!
Klaus Eickhoff

Klopfzeichen

Lachen ist schön

Vor einigen Jahren habe ich ein Büchlein über die Freude geschrieben: „Freude – Warum wir nicht genug davon kriegen".[1] Ich verschenke es oft. Sobald die Beschenkten den Titel lesen, geht es los: „Wow!" „Toll!", „Ach, wie schön!", „Absolut mein Thema!", „Werde es gleich lesen!" Das Wort „Freude" spricht – ja, es springt – jeden an.

Wenige wissen, dass Freude ein Schlüsselbegriff in der Bibel ist.

Kleine Kinder lachen ständig – besonders untereinander. Wie ein Urtrieb sprudelt das Lachen ungebremst aus ihnen heraus. Kinder lachen rund 400-mal am Tag, Erwachsene etwa 15-mal. Erwachsenen hat Jesus einmal gesagt, sie sollen wie die Kinder werden. Vielleicht meinte er auch, dass wir dann mehr lachen würden.

Lachen ist gesund.

---

1   2019 Christliche Verlagsgesellschaft Dillenburg

Unsere Gesichter sind wie Landschaften: einmal hell, wie von der Sonne angestrahlt, dann wieder finster, wie unter einer schweren Gewitterwolke.

An düsterem Wetter können wir nichts ändern. Ein mürrisches Gesicht in ein heiteres zu verwandeln, ist jedoch nicht schwer. Wenn man es zum Lachen bringt, geht die Sonne auf.

Einmal stand ich mit Freunden zusammen. Plötzlich unterbrach einer von ihnen, Helmut, unseren belanglosen Small Talk:

„Kennt ihr den? Ein Junge starrt in der Bahn einen Mann an, der einen Kropf hat. Das lässt der sich nicht lange bieten: ‚Wenn du mich weiter anstarrst, fresse ich dich!‘ Darauf der Junge: ‚Schluck erst mal den anderen runter!‘"

Die Gesichter erhellten sich. Sie wurden schön. Haben Sie auch gerade gelacht oder gelächelt? Dann waren Sie schöner als vorher. Lachen macht schön.

Doch Lachen *macht* nicht nur schön. Lachen *ist* schön. Uns kann kaum etwas Besseres passieren, als dass wir stillvergnügt oder aus vollem Halse lachen.

Von Anfang an tragen wir das Verlangen nach Freude im Herzen. Woher kommt das? Wozu dient das?

Eine Spielart der Freude ist der Humor. Mit ihm, sagt man, gehe vieles besser. „Humor ist, wenn man trotzdem lacht." Tatsächlich, er kann Schweres erleichtern und Balsam für eine verwundete Seele sein. Humor verdrängt das Schwere nicht, er sieht ihm ins Auge. Heinz Rühmann meinte, Humor sei eine Sache, die man gar nicht ernst genug nehmen könne. Ein anderer schrieb: „Humor ist mitten in der Welt ein Morsezeichen für die Überwindung der Welt."

Ausgerechnet auf einer Beerdigung habe ich die verwandelnde Kraft des Humors erlebt. Der Abschied war schmerzlich, die Trauer groß. Als Pfarrer, der das Ganze zu leiten hatte, erzählte ich auch etwas Lustiges aus dem Leben der in der Gegend sehr bekannten Verstorbenen, wovon mir die Familie berichtet hatte. Erlösendes Lachen ging unverhältnismäßig stark – wie eine kleine Explosion – durch die Friedhofskapelle. Ein Hauch von Heiterkeit lag von da an in der Luft, ausgelöst durch das Lachen getrösteter Menschen im Angesicht irdischer Vergänglichkeit. Es war, als hätte uns alle eine Ahnung gestreift, dass der Tod nicht das letzte Wort behalten wird.

„Lachen ist gesund", so heißt das Sprichwort. Mediziner wissen, dass bei herzhaftem Lachen Beta-Endorphin, ein Entspannungsstoff, gebildet wird. Dadurch vermehren sich die natürlichen Abwehrkräfte im Blut.

Ob Afrikaner, Inuit, Europäer, Chinesen – wir alle lachen gerne, als läge in jedem von uns die Ahnung: In der Vollendung wird Freude sein.

„Nektarsuche"

Wie Bienen, die nach Nektar suchen, sind wir hinter allem her, was unseren Durst nach Freude stillt. Dabei fliegen wir nicht alle zu den gleichen Blüten. Der eine wendet sich hierhin und der andere dorthin. Einer ist faul, ein anderer fleißig. Einer bummelt, der andere arbeitet sich kaputt. Einer verschwendet sein Geld, ein anderer ist geizig. In welche Richtung wir auch streben – wir alle wollen Freude, wollen lachen, suchen das große Glück in unserer kleinen Welt.

Ein Bekannter von mir hatte Freude an seiner Briefmarkensammlung. Seine kleinen Kostbarkeiten machten ihn glücklich. Ein anderer hat sich ein prächtiges Haus gebaut. Allein der Teppich! Dagegen ist meiner eine Zeitung. Millionen Menschen gehen auf Reisen. Es treibt sie hinaus. Was steckt hinter ihrer Unruhe? Warum wollen sie gern an einem anderen Ort sein, in einem neuen Land? Warum tummeln sich an Karneval Menschenmassen in den Straßen? Sie treibt die Sehnsucht nach dem Anderssein, ein Verlangen nach Verwandlung! Einmal aus sich heraus können, zu einem neuen Leben finden, zu einem neuen Sein!

Seit es uns Menschen gibt, schreiben wir in Gedanken geheime Wunschzettel. Sehnsüchte quellen aus der Tiefe unserer Seelen empor wie Luftblasen vom Grund eines Sees.

An einem Sommerabend saßen wir mit Freunden im Freilichttheater von Mörbisch am Neusiedlersee. Die Scheinwerfer zogen Wolken von Motten und Mücken an. Sie umschwärmten den hellen Schein, als wollten sie ihn trinken, trinken, trinken.

So ergeht es uns Menschen: Wir sind auf der Suche nach Freude, wie Motten auf der Suche nach dem Licht. Schon Kinder sind gierig nach allem, woraus sie Freude saugen können. Sie suchen danach im Spiel, im Toben, Springen, Tanzen und Singen, im Laufen und Raufen, im Lauschen auf schöne Geschichten, im Lob, in Anerkennung, in kleinen und großen Geschenken. Sie sind ganz selig, wenn ihnen Gutes widerfährt!

Als ich klein war, tobte der Krieg. Doch ich selbst habe ihn als großes Abenteuer erlebt. Ich habe über unsere Soldaten gestaunt und ihre Uniformen bewundert. In unserer Nähe lag ein Truppenübungsplatz. Wir konnten die Männer aus der Ferne bewundern. Dann kamen die Amerikaner. Unsere Truppen flohen und warfen dabei ihre Uniformen weg, die sie schnell als Soldaten verraten hätten. Im Wald fand ich eine solche Soldatenjacke. Sie hatte Schulterklappen mit Sternen. Begeistert trennte ich mit dem Taschenmesser die Klappen von der Jacke und trug sie nach Hause. Wie viel Freude habe ich aus diesem Fund gesogen! Ich schlug meinen kleinen Notizkalender auf und schrieb hingebungsvoll: „Mein Glückstag!"

Mit dem Älterwerden ändert sich vieles.

Eines aber bleibt: Wir schwirren weiterhin wie die Bienen durchs Leben und suchen nach den Blüten, aus denen wir Lebenssüße saugen können. Vor allem suchen wir Freude, die möglichst nicht vergeht – wenn es sie denn gibt.

Wir dürfen uns an unserem Wohlstand erfreuen. Wer Not gelitten hat, weiß, wie herrlich es ist, jeden Tag zu Essen und zu Trinken, Kleidung und ein warmes Zuhause zu haben. Vielen Menschen in unserer Welt bleibt das immer noch leidvoll versagt.

Doch Wohlstand kann uns kein erfülltes Leben bieten. Darum fällt es Wohlstandsbürgern zunehmend schwer, dankbar zu sein. Man schaue in ihre Gesichter: Missmut hängt in ihren Zügen wie Wolken am Novemberhimmel.

Ich nehme an einer Führung durch die Behindertenabteilung eines Diakoniewerkes teil. Das Elend, das wir zu sehen bekommen, ist groß. Die Besucher äußern Bedauern. Neben mir äußert jemand: „Ach, nein, so etwas sollte man doch nicht leben lassen!"

Als wir nach einem kurzen Regenschauer ins Freie treten, scheint die Sonne. Die Luft ist würzig und klar. Ein Mädchen zieht meine Aufmerksamkeit auf sich. Es hat einen zu großen Kopf, keine Augen und nur einen Ansatz von Ohren. Es sitzt auf einer Schaukel

und holt selbst Schwung. Dabei gluckst es vor über-
schäumender Freude. In engen körperlichen Grenzen
wohnt ein Freudenbündel!

Bald darauf stehe ich in der Fußgängerzone der
nahegelegenen Stadt. Teuerste Ware in den Schau-
fenstern. Alles vom Feinsten. Aber die Mienen der
Menschen, vor denen sich der Reichtum ausbreitet,
verraten keinen Frohsinn – eher Langeweile. Missmut
und Unzufriedenheit liegen auf den Gesichtern ge-
plagter Wohlstandsbürger.

Ich denke an das behinderte Mädchen auf seiner
Schaukel, höre im Geist sein Glucksen – das Lachen,
das kindliche Glück, das wie ein Loblied auf den
Schöpfer des Lebens geklungen hatte. Es hatte *seine
Angel nach oben ausgeworfen.* Viele andere dagegen
scheinen im Trüben zu fischen, sonst sähen sie nicht
so trübsinnig drein. Von den Lippen der „Gesunden"
gehen eher Klagelieder aus. Lobgesänge wie aus dem
Kindermund sind weitgehend verstummt.

Der verlorene Horizont

Wie eine schwere Decke liegt es auf den Menschen
der westlichen Welt. Leere und Langeweile lasten auf
den Gemütern. Zur Selbsterheiterung bieten wir Milliarden auf, die wir einer riesigen Unterhaltungsindustrie in den Rachen werfen.

Es gab eine Zeit, da haben die Menschen ihr Dasein als Weg zur Ewigkeit verstanden. Darauf waren

ihre Sinne gerichtet. Ihr Horizont reichte über das Irdische hinaus.

Dann aber, als sich der europäische Mensch aufgeklärt wähnte, wischte er den Horizont, der ins Weite führte, weg. Jetzt hatte er nur noch das Vergängliche und sich selbst. So entstand eine Leere – *Langeweile*. Im 18. Jahrhundert galt sie als die Krankheit der Reichen, obwohl sie sich alles leisten konnten, was ihre Zeit ihnen bot. Aber ein erfülltes Leben ist nicht käuflich. Wer vom Reichtum zu viel erwartet, täuscht sich. Zur Bereicherung der Existenz trägt er selten bei.

So wurde Langeweile zur Begleiterscheinung des Lebens. Philosophen sprachen von der „Diktatur des Nichts" (Schlegel) oder nannten die Langeweile, die „Krankheit ihres Jahrhunderts" (Beaudelaire). Pascal erkannte die Langeweile als Ergebnis der inneren Leere des Menschen.

Nun sind wir Europäer verhältnismäßig reich – und doch langweilen wir uns sehr. Dass wir vor Langeweile dennoch nicht sterben, ist ein teurer Trick. Wir wissen zwar nicht, wie man Langeweile überwindet, aber wir wissen, wie man sie auf Knopfdruck überspielt, sie durch das Geplärr der stets verfügbaren Medien verscheucht.

Unterhaltung! Das ist keine Haltung, sondern eine *Unter*haltung. Sie ist lediglich eine Form der Ablenkung.

Es lebe die Ablenkung!

Geschickt wird das Gefühl der Leere und Langeweile überdeckt. Wir werden durch den Wirtschaftswettlauf derart in Schach gehalten, dass wir vor lauter Geschäftigkeit nicht mehr zum Nachdenken über den Sinn unseres Tuns oder gar des Lebens kommen. Entertainment ist Trumpf. Der amerikanische Weltstar Tom Hanks sagte, die westliche Welt bestehe nur noch aus zwei Gruppen von Menschen: Leute, die andere unterhalten, und solche, die dafür bezahlen, dass sie unterhalten werden. Die neue Zweiklassengesellschaft. Das Verlangen des Menschen nach Zerstreuung ist grenzenlos. Es lebe die Ablenkung!

Besinnung und Stille werden gemieden. Mit der Leere konfrontiert zu sein ist schwer. Der Mensch unserer Hemisphäre hat die Fähigkeit zur tiefen Freude weitgehend verloren. Dafür boomen die Mittel, die die Lust verstärken sollen, aber Abstumpfung bewirken. Eine gigantische Unterhaltungsindustrie hat es darauf angelegt, uns über unseren inneren Zustand hinwegzutäuschen. Die Leere des postmodernen Menschen ist zum Absatzmarkt für ganze Industriezweige geworden. Für unsere Unterhaltung zahlen wir Milliarden.

Die Mücken von Mörbisch haben es da besser. Sie erfreuen sich des Lebens, ohne dafür zu zahlen. Am Ende aber ähneln sie uns wieder: Sie umtanzen ihr Licht, bis die Kräfte verbraucht und die Flügel verbrannt sind. Dann fallen auch sie ermattet ins Nichts.

Wir aber sind doch mehr als die Mücken von Mörbisch.

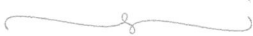

Dadurch, dass wir uns unterhalten lassen, wird die Langeweile überspielt, jedoch nicht überwunden. Die Leere bleibt. Sie wird nur nicht mehr wahrgenommen. Die Ablenkungen unserer Medienwelt greifen. Wir fristen unsere Tage in einer exzessiven Erlebnisgesellschaft. Das Dasein muss Spaß machen. Hauptsache Spaß!

Frag nicht, wohin die Lebensreise geht, hab einfach Spaß! Es sieht so aus, als ob uns das voll gelingt, sind wir doch in der Lage, uns rund um die Uhr von allem Tiefgehenden abzulenken.

Doch die Ablenkung birgt eine Not: Wir werden betrogen und verführt. Wir werden kalkuliert, taxiert, geschätzt, ausgerechnet. Wir werden gesteuert und bezahlen unseren eigenen geistigen Verfall.

Dabei brennt in uns die Sehnsucht nach Wahrheit und Sinn, nach dauernder Liebe und Geborgenheit. Aber wir vermögen es kaum, unserer Sehnsucht Ausdruck zu verleihen. Dass wir nach etwas suchen, bleibt in der Regel unbewusst. Der Horizont, der Sinn vermittelt, scheint weggewischt, und tausendfache Ablenkungen verscheuchen die großen Fragen. In den Herzen ist es eng geworden. Irgendwie ist das Gespür für das Weite verloren gegangen.

Da existieren wir nun in unserer kleinen Welt. An Spaß mangelt es nicht. Aber Freude, die trägt, selbst wenn uns Leid trifft oder das Sterben sich meldet, findet sich selten.

Spaß ist nicht Freude. Überkommt uns ein Unglück, ist der Spaß vorbei. Echte Freude dagegen kann selbst durch Leid, Sterben und Tod hindurch die tragende Kraft des Lebens sein.

Gegen Spaß wäre nichts zu sagen, würde die Sucht danach nicht alles Große und Schöne überlagern. Unsere Gesellschaft begnügt sich mit Freudenersatz. Das Original ist verloren gegangen. Viele haben ein heiteres Leben gelebt. Sie haben Spaß gehabt, Gutes erfahren, Beachtliches geschaffen. Nun müssten sie erfüllt und dankbar sein. Stattdessen sind sie am Ende verbittert. Sie haben das Leben genossen, aber nicht gefragt, was wirklich zählt.

Doch Leben heißt auch Abschied nehmen. Es kommt die Zeit, in der wir loslassen müssen. Wer nichts anderes gekannt hat als das Vergängliche, ist am Ende enttäuscht. Kälte zieht ein, verzweifelte Erinnerung.

So geht es uns mit jeder irdischen Freude. Sie ist wie ein Feuer, an dem der Mensch sich erwärmt. Aber langsam erlischt das Feuer, und der Mensch steht da und friert. Dann meldet sich der Tod. Die Freuden, die das Leben bewegt haben, sind verrauscht. Im Angesicht des Todes halten sie nicht stand. Was aber im Sterben nicht hält, hat auch im Leben nie gehalten. Es hat nur hingehalten.

Sehnsucht nach Ewigkeit

Wir unterschätzen unsere Sehnsucht. Unser Verlangen nach Leben ist größer, als wir ahnen. Die Freuden unseres Lebens sind zu klein, um uns endgültig zu erfreuen. Warum sind sie zu klein?

Sie sind zu klein, weil unsere Sehnsucht nach Freude zu groß ist. Nietzsche wusste: „Doch alle Lust will Ewigkeit –, will tiefe, tiefe Ewigkeit!"[2] Hat dieses mächtige Verlangen Aussicht, erfüllt zu werden? Gibt es sie, die tiefe Ewigkeit?

Hunger weist darauf hin, dass es Sättigung, d. h. Essen und Trinken, gibt. Nahrung garantiert unseren Fortbestand. Hunger weist auf die Erhaltung des Lebens hin.

Und die Ewigkeitssehnsucht der Menschen? Sollte ausgerechnet dieser Hunger ins Leere führen? Die Sehnsucht nach Ewigkeit ist der Hinweis, dass es Ewigkeit gibt. Welchen Sinn hätte die Sehnsucht sonst?

Alles kommt irgendwoher

Das Unvergängliche ist wirklicher als das Vergängliche.

Manch einer lacht, weil er gerade Spaß hat, doch seine Seele weint. Sie sträubt sich dagegen, mit

---

2   Friedrich Nietzsche, *Das trunkne Lied*, aus: Also sprach Zarathustra. Vierter und letzter Teil.

Vergänglichem abgespeist zu werden. Ihr Wesen besteht darin, dass sie für die Ewigkeit geschaffen ist, und dort wird gewiss viel gelacht, denn dort ist Freude über Freude, sagt das Buch der Bücher.

Ewigkeit – das ist kein Mengenbegriff. Sich ein unerschöpfliches Quantum an Zeit vorzustellen, wäre zu kurz gegriffen. *Ewigkeit* meint Lebensqualität, Gemeinschaft mit dem Schöpfer der Welt.

Ewigkeit ist keine Größe, die kommt, wenn das Zeitliche vorbei ist. Sie hat weder Anfang noch Ende. Sie *ist* allezeit! Sie umfängt und durchdringt unsere Welt. Jetzt! Sie tritt in unser vergängliches Dasein ein, um uns zu ergreifen – wenn wir es denn zulassen.

Viele glauben nur, was sie sehen. Als müssten sie das noch glauben. Ihnen scheint zu entgehen, dass uns unsere Sinne nur Oberflächen zeigen. Gern wird nach *Beweisen* des Ewigen gefragt, als wäre es ein Teil der geschaffenen Welt. Viele halten die Existenz des Universums für Zufall. Es komme nirgendwoher, sei einfach da. Dabei sagt schon der Volksmund: „Von nichts kommt nichts", und der Naturwissenschaftler bestätigt es.

Alle Dinge kommen irgendwoher. Es ist schon ein seltsamer Glaube, der meint, die *Summe* aller Dinge käme aus dem Nichts.

Da geht jemand durch die Natur und heftet im Geist jedem Grashalm ein Etikett an – *Zufall*. Jede Pflanze – *Zufall*. Jedes Tier – *Zufall*. Sonne, Mond und Sterne – alles *Zufall*. Jeder Mann, jede Frau, jedes Kind – *Zufall*. Jede der hundert Billionen Synapsen im menschlichen Gehirn – reiner *Zufall*.

Dass er sich in seinem Glauben an den Zufall irren könnte, darauf kommt der Zeitgenosse nicht. Er hält sich für einen Realisten und ist doch nicht in der Wirklichkeit zu Hause. Merkt er denn nicht, dass ihm mit jedem Grashalm Signale durchdachter Schöpfung entgegenwinken? Aus der Fülle der Gestalten blickt uns der Gestalter an, aus der Fülle der Gaben der Geber.

Was heißt im Blick auf das Universum überhaupt *Zufall?* Eine taktische Vokabel ist es, ein Verschleierungswort für etwas, was wir nicht kennen, aber doch ahnen. Das Wort *Zufall* ist das Feigenblatt, mit dem vermeintliche Realisten eine Blöße bedecken.

Ähnlich ist es, wenn wir „Evolution" sagen. Evolutionstheorie ist genau das, was der Name sagt: *Theorie.* Damit umzugehen ist Gläubigkeit. Niemand hat Evolution mit eigenen Augen gesehen, niemand den Prozess der Evolution selbst beobachten können. So lehren die Professoren die Studierenden nur ihre Meinung. Sie sind eher Pseudopriester, die einen Irrglauben lehren, als Wissenschaftler, die etwas Gültiges in Händen halten.

Wer glaubt denn wirklich, dass eine blinde, gefühllose, aus dem Nichts entstandene Evolution das Geheimnis des Lebens ist? Wie wollen wir denn da die Würde des Menschen begründen, wenn wir aus dem Nichts kommen und dann über Würmerfraß und Asche für die Urne wieder zu *nichts* werden?

Geist und Materie

Da stellte Gott den Menschen ins Universum. Er hat ihn mit einem derart hohen Geist ausgestattet, dass dieser sich im Gegensatz zu allen anderen Erdenbewohnern seiner selbst bewusst wird. Er erlebt um sich herum eine Fülle von Geschöpfen und Dingen. Die Welt, in der er sich vorfindet, ist voller Wunder. Jeder Baum, jeder Apfel, jeder Stein hat ein verborgenes Leben, das unser bloßes Auge nicht sieht. Ob organische oder anorganische Materie, alles zeugt vom Schöpfergeist.

Ein Stein zum Beispiel: Wir können seine Bestandteile in chemische Formeln fassen. Chemische Formeln sind etwas Geistiges. Mit ihrer Hilfe beschreiben wir nicht geistige Vorgänge. In einem „toten" Stein geht vieles vor. Er ist voller Geheimnisse. Man frage die Atomphysiker. Nur für Denkfaule bleiben Steine, Pflanzen, Tiere und Menschen ohne Geheimnis.

„Nur der Gottlose meint, er sei ein Kenner, und nur der Narr gibt sich zufrieden mit dem, was er nicht weiß."[3] Unser Geist kann den Stein nur erfassen, weil dieser *aus dem Geist entstanden* ist. Wenn wir das bereits vom Gestein sagen können, um wie viel mehr vom Universum und von allem, was lebendig ist!

Die Geschöpfe und Dinge um uns herum zeugen nicht nur in sich selbst vom Geist. Sie tun es auch in ihrer Zuordnung und Vernetzung untereinander.

---

3   Bohren, *Ungeist*, S. 127

Ordnungen entstehen erfahrungsgemäß nicht aus sich selbst. Da ist ein Ordnender am Werk. Schon die Alltagserfahrung, einen Haushalt oder ein Büro zu führen, zeigt, dass es Ordnung ohne ordnenden Geist nicht gibt. Ohne Geist ist Chaos.

Welch einen Kosmos an Ordnung stellt ein Gänseblümchen dar! Ist dafür nicht Geist notwendig? Ein Arzt erklärte mir die Funktion meines Herzens. Ich begriff, dass in meiner Brust ein Meisterwerk der Ingenieurskunst schlägt – und das etwa 100 000-mal am Tag. Oder das Auge: Ein Wirrwarr an Strahlen ordnet sich zu *einem* Bild. Wir sehen nicht nur. In uns ist etwas, das sieht. Oder der Mensch als Ganzer. Das Zusammenspiel seiner Atome mit den Zellen, dem Gehirn und den Billionen von Synapsen, den Nerven, Blutgefäßen, Organen, Adern, Muskeln, Knochen, dem Knorpel, der Haut in einer atemberaubenden Leib-/Seele-/Geist-Komposition – das kann nicht alles aus sich selbst geschehen. Was ist es, das diese Vielfalt entstehen ließ und zum Ganzen der Person verwob?

Wir haben das nicht gewirkt. Es ist uns widerfahren.

Aber woher widerfuhr es uns?

Die bloße Theorie „Evolution" erklärt gar nichts. Evolution beschreibt lediglich ein möglichen Werdegang. Das Buch der Bücher weiß aber schon lange: „Und Gott sprach: Es werde Licht!" Die Schöpfung des Lichts und alles anderen – durch Gott. Entscheidend sind das *Woher* und das *Wohin* des Werdegangs.

Das Ganze des Menschen ist mehr als die Summe seiner Teile. Was ist das Ganze? Es ist unser Geheimnis, ausgerechnet das aber lässt sich nicht auf den Seziertisch legen. Das Geheimnis, das uns ausmacht, ist unsichtbar.

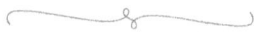

Das Universum mit seinen Abermilliarden Himmelskörpern auf sekundengenau berechneten Bahnen, die Menschen, die Tiere und Pflanzen, das alles soll sich von selbst organisieren, ohne ordnenden Geist? „Tollkühner" Glaube. Er widerstrebt jeder Erfahrung.

Die Wissenschaften gewinnen immer tiefere Einblicke in das Naturgeschehen. Sie erfinden nichts, sie finden. Finden lässt sich nur, was *da* ist, was *gegeben* ist. Da kommt die drängende Frage nach dem Woher des Gegebenen auf. Das Zusammenspiel der Geschöpfe und Dinge zu einer unfassbaren Schöpfungssinfonie wird von einer Geistesmacht dirigiert, für die uns jede Vorstellungskraft fehlt.

Wir können nicht davon ausgehen, dass das Universum und mit ihm das Dasein des Menschen ein Wurf ins Leere ist. Unsere Aussichten auf Ewigkeit sind besser, als wir ahnen. Die Sehnsucht des Menschen ist zu einer Wirklichkeit hin erschaffen, die alles, was wir uns vorstellen können, übersteigt.

„Der Mensch ist, was er isst"

Da ist nun das Buch der Bücher. Ist es für Kenner ein Geheimtipp, so ist es der Masse weitgehend unbekannt. Die meisten Europäer kennen es nicht mehr. Dabei hat es Kulturen und Kontinente beeinflusst wie keine andere Schrift. Das Buch der Bücher. Vom Schöpfer her spricht es zu uns Menschen.

Kontinente, denen das menschenfreundlichste aller Bücher fremd ist, schätzen die Würde eines Menschenlebens in der Regel gering. Das wurde mir in den Straßen Kalkuttas bewusst. Mit welch einer Gleichgültigkeit dort Straßenkinder behandelt werden, ist für unsere Begriffe unvorstellbar. In Horden vegetierend wühlen ausgemergelte Jungen und Mädchen in stinkenden Abfallhaufen nach Speiseresten und werden, sobald man sie entdeckt, mit Stöcken verjagt. Himmelschreiendes Elend spielt sich dort ab, wo man weder von den zehn Geboten noch von der Nächstenliebe etwas weiß.

Unglücklicherweise verblasst das Wissen um die Liebe auch bei uns. Das Elend in Kalkutta wird mir zum Gleichnis für den inneren Zustand des „christlichen Abendlandes". Den hungernden Kindern Indiens gleich leben wir von biblischen Speiseresten, ernähren uns von den leer gegessenen Tischen früherer Christen. Die kümmerlichen biblischen Überbleibsel sind – wie jeder Speiseabfall – mit Krankheitserregern durchsetzt. Hier denke ich an das weite Feld der Esoterik. Die geistliche Nahrung der Menschen in der westlichen Welt ist weitgehend verdorben.

„Der Mensch ist, was er isst" (Ludwig Feuerbach).

Was wird aus einem vereinigten Europa, dessen geistliche Nahrung verdorben ist und das im Begriff ist, seine Quellen zu verleugnen?

„Wir müssen die Bibel neu lesen als Horizont für ein neues Europa in einer neuen Welt."[4] Formal betrachtet besteht die Heilige Schrift aus vielen Schriften, Büchern, Erzählungen, Berichten und Briefen. Dennoch ist sie ein wunderbares Ganzes. Doch ihr Geheimnis besteht nicht in der historischen Entstehung der einzelnen Texte, die an sich schon außergewöhnlich genug ist. Vielmehr ist ihre *Wirkungsgeschichte* das Wunder. Viele Generationen und Kulturen haben in ihr die Quelle für ihr Leben entdeckt. Völker, Länder, Erdteile sind von ihrer Tiefe und Kraft überwältigt und verändert worden. Sie haben den Namen dessen darin gefunden, der der Herr über alles ist.

Von ihm, der kein stummer Götze ist, heißt es: „Viele Male und auf verschiedenste Weise sprach Gott in der Vergangenheit durch die Propheten zu unseren Vorfahren. Jetzt aber, am Ende der Zeit, hat er durch seinen eigenen Sohn zu uns gesprochen" (Hebräer 1,1-2).

Auf den Sohn läuft im Buch der Bücher alles hinaus.

Auf vielfältige Weise hat sich Gott als ein und

---

4 Bohren, *Lebensstil*, S. 72

derselbe erwiesen. Daran erkennen Christen, dass die Heilige Schrift bei allem geschichtlichen Werden von seinem Geist gewirkt ist. Zum Charakter des Geistes gehört es, vielstimmig zu sein. Dadurch erhalten einzelne Teile der Schrift ihre Bedeutung, wie die Stimmen in einem Chor. Ohne den Geist können Menschen die Bibel nicht verstehen, denn: „Der Buchstabe tötet, aber der Geist macht lebendig" (2. Korinther 3,6b).

Unsichtbare Welt

„Denn das Sichtbare ist vergänglich, aber das Unsichtbare ist ewig" (2. Korinther 4,18). Das ist ein Satz, der das Denken erregt und das Herz bewegt. Hinter der sichtbaren Welt steht eine unsichtbare. Sie ist es, die die sichtbare ermöglicht. Die Wirklichkeit, die wir vor Augen haben, ist nicht das Ganze. Die ewige Welt verbirgt sich in der vergänglichen.

Welchen Sinn hätte eine vergängliche Welt, die nicht in einer ewigen aufgehoben wäre? Was soll das Universum mit seinen Milliarden Galaxien auf den sekundengenau zu berechnenden Bahnen, wenn alles ins Leere läuft? Was soll das Auf und Ab der Weltgeschichte, das Dasein der Menschen, Tiere und Pflanzen? Ist das alles sinnlos?

Als Kinder haben wir gespielt, getobt, Geschichten gehört, sind in herrlichen Fantasiewelten versunken und abends glücklich ins Bett gekrochen. Die

Eltern waren da. Morgens sind wir aufgewacht und haben den nächsten schönen Tag erlebt. Mutter und Vater hatten ihre Freude. Seit es Menschen gibt, ist es mit Eltern und Kindern so gewesen. Und solange es Menschen gibt, wird es so sein.

Wozu das alles? Wohin führt das? Was ist die Zukunft glücklicher Kinder? Spielen, toben, lieben und lachen sie für nichts und wieder nichts? Alles nur, um schließlich von Würmern zerfressen zu werden oder zu Urnenasche zu zerrinnen? Hat nichts ein Ziel?

Und was ist mit uns Erwachsenen? Leben wir nicht genauso gerne wie damals, als wir Kinder waren? Dabei ist das Leben nicht nur fröhlich und leicht, sondern auch traurig und schwer. Es gibt Krieg unter den Völkern und Streit in den Familien. Wir sind wie in ein aufgewühltes Meer geworfen, in dunkle Täler gestürzt, in lichte Höhen erhoben. Das ist unser geliebtes Leben, in dem wir gerne blieben und aus dem wir doch gerissen werden.

Wozu das alles? Wozu die Höhen und Tiefen, das Auf und Ab der Geschichte? Wozu das Kleine und Große? Fällt alles ins Leere, ins Dunkle, in ein ewiges Nichts? Woher kommen wir? Aus einem Nichts können wir nicht kommen. Von nichts kommt ja nichts.

Meine Uhr kommt irgendwo her. Das, woher sie kommt, ist mehr als die Uhr, nämlich der Gedanke, in dem sie zum ersten Mal aufkam. Ohne ihn wäre sie nicht. Der Gedanke „Uhr" hat alle Uhren erst möglich gemacht. Den Gedanken hätte es nicht geben können ohne jemanden, der ihn gedacht hat. Der Gedanke drängt zu seiner Verleiblichung, und das Leibliche sucht sich zu vervielfältigen. So kommt es zur Gestalt der Dinge. Wie meine Uhr kann auch die Schöpfung ohne Gedanken nicht existieren.

Den aber muss jemand gedacht haben.

Das, woher der Kosmos kommt, ist mehr als der Kosmos. Das, woher die Menschheit kommt, ist mehr als sie selbst. Dieses „Mehr" ist die Kraft am Werk, die alles erhält. Die Natur und ihre Gesetze, die Materie, das organische Leben – das alles entstand nicht aus sich selbst, weil nichts aus sich selbst entstehen kann. Nichts kann sich selbst gebären. Und nichts kann sich aus sich selbst erhalten. Nichts verdankt seine Existenz sich selbst.

So wird auch das Universum nicht die Leichenhalle der Menschheit sein. Die Werke unseres Schöpfers fallen nicht ins Bodenlose. Wir sind in guten Händen. Sinnlosigkeit als Vorzeichen von allem würde alles Schöne hässlich machen, alles Gute schlecht, jedes Sehnen lächerlich. Statt Wärme würde Frost herrschen, und der Globus wäre ein Planet vereister Seelen.

Das Wort und der Name

Nun aber brennt ein Feuer, immer wieder angefacht durch die Botschaft der Bibel. Wie ein Buch unter vielen mischt sie sich unter die Literatur dieser Welt.

Doch sie ist mehr als Weltliteratur. Statt nur Gedanken von Menschen über Gott sind hier auch Gottes Gedanken über uns Menschen enthalten. Wie sollte der unsichtbare Ewige sonst zu uns reden, wenn nicht durch Menschen, denen er seine Wahrheit enthüllt?

Wenn Gott existiert, was ist aufregender als er?

In einer Welt, die überspült ist von vergänglichen Worten, haben wir ein ewiges Wort. Das sagt uns, was wir uns nicht selbst sagen können. Was es sagt, wirft ein neues Licht auf das, was wir unentwegt reden.

Uns stehen via Satellit Hunderte von Rundfunk- und Fernsehsendern zur Verfügung. Sie senden rund um die Uhr. 24 Stunden lang wird geredet. Aber wird etwas gesagt, was das Leben der Menschen vertieft, ihr Inneres reich macht, ihnen Gültiges, gar Ewiges vermittelt? 90 Prozent leere Worte, verwirrend, entnervend, geisttötend und verzichtbar. Ein Niagarafall von Nichtssagendem ergießt sich über die Menschenseele.

Unsere Worte werden an Gottes Wort gemessen. Auf ihn zu hören gehört zum Sinn unseres Lebens. Daran hängt unsere Ewigkeit. Das ewige Wort steht einem kalten Sinnlosigkeitsglauben gegenüber, der wie ein Eisberg in unsere Lebenslandschaft ragt. Wer die Glut der Wahrheit erfährt, sieht das Eis schmelzen. Unser Leben ist randvoll von Sinn! Das Trübsalblasen verzagter Herzen ist wirklichkeitsfern.

Wir sind umgeben von der ewigen Welt.

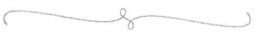

JAHWE ist der Name, mit dem sich alles wandelt. „Gott" sagen wir, ohne zu wissen, *was* wir sagen. Der Name offenbart Gottes Wesensgeheimnis. JAHWE bedeutet: *Ich bin, der ich bin, und ich werde sein, der ich sein werde.*

Er lässt sich kürzer sagen: *Ich bin da.*

Der Name ist ein Versprechen: „Du bist nicht allein!" Wir streunen nicht einsam am Rande des Universums umher. Da ist einer, der um uns ist, der Schöpfer des großen Alls und der kleinen Atome. Wir sind umgeben von guten Gedanken und nie endender Treue. Wir sind nicht das Ergebnis gigantischer Zufälle. Gedanken Gottes sind wir, aus der Ewigkeit in die Zeit getreten. Die Geschöpfe und Dinge sind *ausgesprochene* Gottesgedanken: „Gott *sprach:* Es werde [...] Und es ward" (vgl. 1. Mose 1) So heißt es im Buch der Bücher.

Da ist einer, der nicht nur die Fäden des Kosmos in Händen hält, sondern dich und mich, alle, die vor uns waren und die nach uns sein werden. Paulus, ein Mann der ersten Christengeneration, sagte: „Er ist ja für keinen von uns in unerreichbarer Ferne" (Apostelgeschichte 17,27).

„ICH BIN DA!" Er ist nicht nur ein Gott des Jenseits. Im Anfang, in der Mitte und in der Vollendung unseres Lebens ist er da, hier beansprucht er seine Herrschaft. Er ist ein Gott für *alle* Tage.

Das Buch der Bücher ist von Hoffnung erfüllt, als Dokument der himmlischen Revolte gegen die Hoffnungslosigkeit der Erdenbewohner: Wie wollt ihr denn leben ohne die Zukunft des Höchsten?

Ohne die Ewigkeit in euren Herzen seid ihr tot. Ihr sollt aber leben! Ihr *werdet* leben! Denkt nicht so klein von eurer Zukunft und denkt nicht so gering von eurem Gott. Ihr könnt nicht weitsichtig genug für euch denken und nicht groß genug von dem, der euch schuf.

Die unsichtbare Welt steht auf gegen den kurzsichtigen Diesseitsglauben. Sie lehnt sich auf gegen die Ängste kosmischer Ungeborgenheit: „Von allen Seiten umgibst du mich und hältst deine Hand über mir" (Psalm 139,5). Das klingt wie eine Erinnerung an die Geborgenheit des Kindes im Leib seiner Mutter. Geborgenheit ist das Ziel aller Sehnsucht. Wir sind ihr näher als wir denken.

Einspruch?

Dem Gedanken an die unsichtbare Welt wird widersprochen. Ich bin in Verhältnissen aufgewachsen, in denen man das für dummes Zeug hielt, an sich liebe Leute, aber alltagsblinde Besserwisser.

In der sichtbaren Welt haben wir fast alles im Griff. Hier verfügen *wir*, können selbst Hand anlegen und die Macher sein. Dagegen bezeichnet *unsichtbare Welt* die Grenzen der Machbarkeit. Das stört. Das *Unverfügbare* begegnet uns auf Schritt und Tritt. Wir sind von ihm umstellt. Unsere Alltagssprache sagt: *Schicksal, Zufall, Glück, Unglück, Schwein gehabt, Pech gehabt.*

Wir erleben Kräfte, deren Ursprung unbekannt und deren Wirkungen unvorhersehbar sind. Wir setzen uns mehr mit dem Unverfügbaren auseinander, als uns bewusst ist: Wir sorgen uns, haben Angst, hoffen und bangen. Wer alles im Griff haben will, spürt, wie wenig er in der Hand hat. Wir ersehnen Glück. Aus heiterem Himmel aber trifft uns Unglück. Wir wollen Frieden, stellen aber fest, dass 95 Prozent der Weltgeschichte Kriegsgeschichte ist. Wir möchten Sicherheit, erleben aber Verunsicherung. Dann wieder hegen wir schlimme Befürchtungen, stattdessen besucht uns das Glück.

Das Unverfügbare spielt mit.

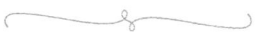

„Ruhelos ist unser Herz, bis es seine Ruhe hat, Gott, in dir."[5]

Sehnsucht nach Gott hat es immer gegeben. Seit wir den Horizont Gottes weggewischt haben, meldet sie sich in neuer Form:

„Wir leben im Zeitalter der Angst" (Camus).

Neurosen, Psychosen, Depressionen nehmen überhand. Esoterik boomt. Wir halten ein Dasein ohne Hoffnung schlecht aus. Unsere Unruhe, der produzierte Lärm – darin meldet sich verdrängte Ewigkeit. Wir kommen mit dem sturen Diesseitsglauben nicht

---

5 Augustin, *Bekenntnisse*, 1. Buch, S. 13

zurecht. Wer dieses Leben als letzte Gelegenheit sieht, versucht es auszukosten, wird aber nie satt.

In der Entfremdung von Gott werden wir uns selbst fremd.

Vom Geheimnis unseres Denkens

Wir sind in der Lage, innerhalb der sichtbaren Welt Zeichen der unsichtbaren wahrzunehmen: Da sind Signale. Es kommt darauf an, aus ihnen die richtigen Schlüsse zu ziehen. Wir sind fähig zu denken, nachzudenken, vorauszudenken. Uns wurde ein denkender Geist gegeben. Er ermöglicht uns, über unsere Grenzen hinauszugreifen. Wir können in Gedanken sekundenschnell von Europa nach Australien fliegen, uns im Nu zur nächsten Galaxie im Weltraum begeben, Millionen von Lichtjahren entfernt. Wir können uns in die tiefste Vergangenheit zurückversetzen und vorauseilen in die weiteste Zukunft.

Fühlend und denkend erlebt der Mensch die Natur. Er vermag sich an ihr zu freuen, über sie zu staunen, von ihrer Schönheit überwältigt zu sein. Er kann in sie eindringen und erkennt alsbald, dass sie vom Geist inspiriert ist. Wir sahen schon: Selbst hinter „toter Materie" steht Geist.

Wir können sogar nach uns selbst fragen, über uns hinaus, nach einem letzten umfassenden Sinn:

Wer sind wir? Woher kommen wir? Wohin gehen wir?

So zu fragen erhebt uns aus der Tierwelt. Tiere fragen nicht. Nach seinem Woher und Wohin zu fragen, gehört zur Würde des Menschen.

Selbst über das Denken können wir reflektieren: *Wie ist es zu verstehen?* Ist es das Ergebnis entwickelter Materie, ein biotechnisches Phänomen, mit Computern zu vergleichen? Wohl kaum. Wir *machen* nicht, dass wir denken. Der denkende Geist ist eine Wirklichkeit, die wir in uns *erfahren*. Nicht wir machen das Denken. Das Denken macht uns.

Wie ich das Leben nicht machen kann, sondern erfahre, so kann ich auch den in mir denkenden Geist nicht machen. Er widerfährt mir, selbst im Schlaf. Wohl kann ich die Richtung meines Denkens ein wenig bestimmen. Das Denken selbst aber ist unverfügbar. Wir sind auf der ganzen Linie Empfangende.

Woher empfangen wir – und von wem?

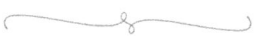

Das Schönste, was Menschen widerfährt, ist die Gewissheit des Ewigen. Von ihm her, zu ihm hin sind wir geschaffen:

„Lasset uns Menschen machen, ein Bild, das uns gleich sei [...]. Und Gott schuf den Menschen zu seinem Bilde, zum Bilde Gottes schuf er ihn" (1. Mose 1,26-27). Der Ewige hat sich denkende Menschen erdacht. Er denkt in uns Menschen. Das alles wahrzunehmen, dazu wurde uns der Geist geschenkt.

Unser Geist ist nicht vorrangig dazu da, Hochhäuser zu bauen, Maschinen zu konstruieren, Atombomben zu basteln oder Wälder zu vergiften. Der Geist ist dazu da, den Menschen über sich hinaus zu erheben, den Geber aller Gaben zu ehren. Keine andere Kreatur kann eine vergleichbare Ahnung von ihrem Schöpfer haben. Wir aber haben den Geist, können dem Ewigen vertrauen. Durch dieses *Vertrauen* kehren wir uns unserem Ursprung zu.

Dass die Ewigkeit in uns zu Wort kommt, daran hängt unsere Menschenwürde. Wenn es Gott gibt – wer oder was könnte dann wesentlicher sein?

Wenn Gott nicht von allerhöchster Bedeutung ist, hat er überhaupt keine Bedeutung. Ist er aber der Erste und der Letzte, Anfang und Vollendung, was ist dann weiser, als nach ihm zu fragen, auf ihn zu hören?

Was macht uns Menschen zu Menschen?

So kurzsichtig, möchte man meinen, kann keiner sein, dass er das Vergängliche dem Ewigen vorzieht. Jeder mit klarem Geist wird doch lieber auf den Ewigen hören, als sich dem Vergänglichen zu verschreiben. Ist unser „gesunder Menschenverstand" möglicherweise weniger gesund, als wir vermuten?

Wir neigen zu selbst auferlegten Denkverboten. Anstatt hinzuschauen, schauen wir lieber weg. Anstatt Gott unseren Geist zur Verfügung zu stellen, glauben wir, für unsere Zwecke über Gott verfügen zu können. Das hat unsere Selbstentfremdung zur Folge. Führungslos irrt der Mensch durch die Geschichte und zerstört seine Welt.

„Mensch: das einzige Lebewesen, das erröten kann. Es ist aber auch das einzige, was Grund dazu hat" (Mark Twain).

Die Schöpfung war nach dem Urteil ihres Schöpfers sehr gut, bis der Mensch kam, von Gott abfiel und seitdem gottlos sein Dasein fristet. Verbündet sich unser Geist allein mit dem Diesseits, wird er seiner Bestimmung untreu. Das Denken ausschließlich für vergängliche Zwecke einzusetzen, bloß nicht für die Gotteserkenntnis, ist Perversion. „Weil sie sich für klug hielten, sind sie zu Narren geworden" (Römer 1,22).

Nun herrscht ein solches Übergewicht des Hier und Heute, dass sich unser Geist darin verliert. Das Wohlergehen oder der Niedergang der Menschen liegen nicht in den Verhältnissen, sondern in den Herzen.

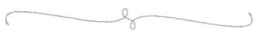

„Was den Menschen zum Menschen macht, ist nach der heiligen Lehre nicht, dass er ein vernunftbegabtes

Lebewesen ist, sondern dass er *das Wort* hat", so sagte der Holländer Kornelis Miskotte[6].

Im Hören auf dieses Wort werden wir weise, und unser Geist kommt zu seinem Ziel. Der Höchste hat mit uns Gemeinschaft und wir mit ihm. Schauen wir in die Tiefe und Schönheit seiner Gedanken, wissen wir, dass wir sie nie ergründen. Aber wir erfahren, wie er es meint und wie viel ihm an uns liegt.

Der erste Psalm schildert einen Menschen, der sich in das „Gesetz des HERRN" vertieft:

Wohl dem, der nicht wandelt im Rat der Gottlosen
noch tritt auf den Weg der Sünder
noch sitzt, wo die Spötter sitzen,
sondern hat Lust am Gesetz des HERRN
und sinnt über seinem Gesetz Tag und Nacht!
Der ist wie ein Baum, gepflanzt an den Wasserbächen,
der seine Frucht bringt zu seiner Zeit,
und seine Blätter verwelken nicht.
Und was er macht, das gerät wohl.

Hier artikuliert sich eine Erfahrung, die sich in einer langen Geschichte mit Gott herauskristallisiert hat. Um etwas ungeheuer Anspruchsvolles geht es da: um das Bild des Menschen. Nicht an irgendeinen ist gedacht, sondern an den Menschen, wie sein Schöpfer ihn gemeint hat. Der Mensch ist, „was sein Wesent-

---

6 *Biblisches ABC*, Kapitel 8: https://paulus-kirchengemeinde-tempelhof.de/blog/53886

lichstes und Wichtigstes betrifft, ein auf Gott hörendes und mit Gott im Gespräch stehendes Wesen. Alles andere ist demgegenüber zweitrangig."[7]

Der auf Gott Hörende ist nicht weltfremd, im Gegenteil:

Der ist wie ein Baum, gepflanzt an den Wasserbächen,
der seine Frucht bringt zu seiner Zeit,
und seine Blätter verwelken nicht.
Und was er macht, das gerät wohl.

In Israel wusste man: Ein Baum, der in der Sonne
Palästinas beständig grünt, muss aus einer Quelle
leben. Seine Blätter wären in der regenlosen Zeit
verwelkt, von Frucht keine Spur. So ist der Mensch
seinem Wesen nach auf das Hören des Wortes
Gottes angewiesen, und zwar so sehr, dass sein Un-
vermögen, auf Gott zu hören, mit dem Tod gleich-
gesetzt wird: „Wenn ich rufe zu dir, HERR, mein
Fels, so schweige mir nicht, dass ich nicht, wenn du
schweigst, gleich werde denen, die in die Grube fahren" (Psalm 28,1).

Wenn wir schweigen, reden /können

Unser Geist ist auf das Verstehen des Wortes Gottes
hin geschaffen. Es ist etwas absolut Schönes darin.

---

7 von Rad, 77ff.

Das Wort zielt nicht nur auf den Kopf – das auch. Es zielt auf das Herz. Mein Schöpfer will mein Herz.

In der Bibel geht es in erster Linie nicht darum, wie etwas historisch *war*. Es geht darum, was *ist*: *Wer ist der Mensch? Wer ist der, der uns geschaffen hat? Wie meint er es mit uns?* Auf diese unsere Fragen antwortet die Schrift. Darum muss sie gelesen werden.

Vor allem aber ist *sie* es, die uns Fragen stellt.

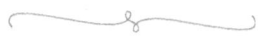

Entscheidend ist nicht so sehr, was wir über den Höchsten denken, sondern welche Gedanken er über uns hat: „Denn ich weiß wohl, was ich für Gedanken über euch habe, spricht der HERR: Gedanken des Friedens und nicht des Leides, dass ich euch gebe Zukunft und Hoffnung" (Jeremia 29,11).

Beim Hören auf das Wort nehmen wir wahr, dass wir ohne Gott nichts, aber durch ihn seine geliebten Kinder sind. Was die entscheidenden Lebensfragen betrifft, kann der Mensch sich selbst nicht helfen. Er ist auf die Wirklichkeit angewiesen, die größer ist als er, als alles Seelische und Leibliche, was in ihm gärt: „Erforsche mich, Gott, und erkenne mein Herz; prüfe mich und erkenne, wie ich's meine. Und sieh, ob ich auf bösem Wege bin, und leite mich auf ewigem Wege" (Psalm 139,23f).

Angesichts der unsichtbaren Welt erscheint unser Dasein in einem neuen Licht. So kann sich Leid, gewöhnlich als Fluch empfunden, unter der Hand des Höchsten in Segenserfahrung wandeln: „Glücklich zu preisen sind die, die trauern; denn sie werden getröstet werden" (Matthäus 5,4).

Leiden ist nicht mehr dumpf und stumpf. Es bleibt im Diesseits eine Last, aber eine Last, die dem Leben Tiefe verleiht. Leidenden ist solch mächtiger Trost zugesagt, dass ihnen einer gratuliert; nicht zum Leid, aber zum Trost. Jesus sieht in der Bergpredigt über den Leidensberg hinaus: *Glückwunsch den Leidtragenden. Sie werden getröstet.*

Ein andermal heißt es: „Er wird alle ihre Tränen abwischen. Es wird keinen Tod mehr geben, kein Leid und keine Schmerzen, und es werden keine Angstschreie mehr zu hören sein. Denn was früher war, ist vergangen" (Offenbarung 21,4).

Kraft solcher Worte dringt Licht aus der unsichtbaren Welt in unsere Erdentage. Eines Tages wird keine Träne mehr sein. Dann wird nicht mehr gelitten, nicht mehr gestorben. Dann sind wir Bürger der himmlischen Welt, in der die Freude wohnt.

Ein Festkrallen an vergänglichen Dingen wird entlarvt. Ein Erfolgreicher wird *Narr* genannt. Er hatte bei sich selbst gedacht:

„Was soll ich tun? Ich weiß ja gar nicht, wohin mit meiner Ernte." Schließlich sagte er: „Ich weiß, was ich mache! Ich reiße meine Scheunen ab und baue größere. Dort kann ich mein ganzes Getreide und alle meine Vorräte unterbringen. Und dann werde ich zu mir selbst sagen: Du hast es geschafft! Du hast einen großen Vorrat, der für viele Jahre reicht. Gönne dir jetzt Ruhe, iss und trink und genieße das Leben!"

Da sagte Gott zu ihm: „Du törichter Mensch! Noch in dieser Nacht wird dein Leben von dir zurückgefordert werden. Wem wird dann das gehören, was du dir angehäuft hast?" [...] So geht es dem, der nur auf seinen Gewinn aus ist und der nicht reich ist in Gott. (Lukas 12,17-21)

Denn das Leben eines Menschen hängt nicht von seinem Wohlstand ab. (Lukas 12,15)

Wir müssen das mehrmals lesen, dann schreibt es sich ins Herz. Das übermäßige Verlangen nach den Gütern dieser Welt ist ein Hang, der ins Verderben führt. Viele meinen, an Geld und Gut hinge die Herrlichkeit auf Erden. Als wüssten sie nicht, wie viel Elend oft daran klebt. „Denn die Liebe zum Geld ist eine Wurzel, aus der alles nur erdenkliche Böse hervorwächst", schreibt Paulus in 1. Timotheus 6,10. Würde diese Gier besiegt, bliebe uns viel Kummer erspart.

Denn das Leben eines Menschen hängt nicht von seinem Wohlstand ab. Welch eine Klugheit! Zeit würde gewonnen. Wir kämen zur Besinnung und dadurch zu uns selbst. *Denn das Leben eines Menschen hängt nicht von seinem Wohlstand ab.*

Diesem Satz wird gegen alle Erfahrung nicht geglaubt. Leute mit irdischer Gesinnung sind von Natur aus arm dran. Alles, worüber sie sich freuen können, ist der Vergänglichkeit unterworfen. Das spürt ihre Seele. Darum die permanente Flucht in die Ablenkung.

Wir sehen das mit Schmerz. Die Trostlosigkeit hält keiner aus! Wie eine Blume, die von ihrer Wurzel abgeschnitten ist, verwelkt der Mensch, wenn er von seinem Schöpfer getrennt existiert. Wenn Menschen meinen, ihr Glücksverlangen nur durch Vergängliches stillen zu können, bleibt die Nächstenliebe auf der Strecke. Da erhält das eigene Glück Vorrang gegenüber dem der anderen. Diesseitsglaube mindert die Kräfte der Mitmenschlichkeit und behindert die Solidarität.

In wohl keinem System haben Menschen so unsolidarisch im Blick auf die eigenen Nachkommen gelebt wie die Menschen in der ehemaligen Sowjetunion. Was da an Umweltverseuchung geschah, ist unfassbar. Man hatte den Menschen den Gedanken an die Ewigkeit systematisch ausgetrieben. Die „Vertröstung" auf das Diesseits aber zerstörte die Solidarität. Liebevolles Mitdenken, Fürsorge für Mensch und Natur bleiben da auf der Strecke. Wenn dem

Menschen der Himmel verschlossen wird, gerät er in die notvolle Lage, den Himmel auf Erden zu suchen. Auf der Erde jedoch findet er den Himmel nicht, nur Erde. Seine Seele aber kann Erde nicht essen. Wir sind keine Würmer. Es ist seelenmordend, gottlos zu sein.

Ins Diesseits vernarrt zu sein verhindert das für uns so wichtige Echo gegenüber dem Geber aller Gaben, *die Dankbarkeit*. Dem Höchsten gegenüber dankbar zu sein bewirkt Stärkung der Persönlichkeit. Dankbarkeit nimmt manch einem Missgeschick den Stachel und den Verletzungen der Seele die ätzende Säure. Wo aber der Sinn für den Geber schwindet, man ihm nichts verdankt, öffnet sich der Abgrund, aus dem Geiz und Zwietracht steigen.

Wenn der Mensch von der ewigen Quelle nichts weiß, bleibt ihm nur, aus den Krügen unserer vergänglichen Welt zu trinken.

Die Wahrheit lautet: „Das Unsichtbare ist ewig" (2. Korinther 4,18).

Unser Zustand schreit nach Erlösung. Jeglicher Versuch, die Erlösung selbst in die Hand zu nehmen, schlägt fehl. Der Mensch kann sich nicht an den eigenen Haaren aus dem Sumpf ziehen. Da muss jemand kommen, der außerhalb steht.

Das Buch der Bücher kennt den „Außerhalb von uns": „Wenn der HERR die Gefangenen Zions erlösen wird, so werden wir sein wie die Träumenden. Dann wird unser Mund voll Lachens und unsre Zunge voll Rühmens sein. Da wird man sagen unter

den Völkern: Der HERR hat Großes an ihnen getan!"
(Psalm 126,1-3).

Jubel über den Erlöser! Nicht nur Zion – alle Völker sollen den Mund voller Lachen haben.

Nach dem Erlöser und der Erlösung sehnt sich die Welt.

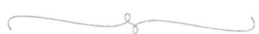

Die Menschen ahnen ihre Gefangenschaft, sonst müssten sie sich nicht nach Erlösung sehnen. Zwar leben wir „jenseits von Eden", in unserer Sehnsucht jedoch ist „Eden" wie eine ferne Erinnerung gegenwärtig. Verhüllt meldet sich der Schöpfer. Seine Klopfzeichen dringen durch. Sehnsucht nach Freude, so vielfältig sie sich zeigt, ist ein Zeichen seiner verborgenen Gegenwart.

Signale der Transzendenz[8]

Unser Verlangen geht nicht von uns aus. Es hat seinen Ausgangspunkt bei dem, der uns schuf. Am Anfang steht nicht unsere Sehnsucht nach ihm, sondern seine Sehnsucht nach uns. Weil die Schönheit uns liebt,

---

8 Siehe dazu: Peter L. Berger, *Auf den Spuren der Engel: Die moderne Gesellschaft und die Wiederentdeckung der Transzendenz*, Herder/Spektrum 4001.

lieben wir das Schöne. Weil das Leben Sehnsucht nach den Menschen hat, haben Menschen Sehnsucht nach dem Leben. Weil die Freude uns sucht, suchen wir Freude. Weil die Welt Echo der Stimme Gottes ist, kann unser Sehnen nur Echo des Rufens Gottes nach uns Menschen sein. Alles, was lebt, hat Sehnsucht: „Ja, die gesamte Schöpfung wartet sehnsüchtig darauf, dass die Kinder Gottes in ihrer ganzen Herrlichkeit sichtbar werden" (Römer 8,19-21).

Denkmäler der Sehnsucht

Die Kulturen aller Zeiten haben mit der ewigen Welt gerechnet. Sie haben versucht, ihr Geheimnisse zu entlocken. Das Unsichtbare war ihnen so wirklich wie das Sichtbare. Die Wand zwischen beiden erschien ihnen dünn. Sie versuchten durchzublicken, erkannten schemenhafte Bilder, die sie auf ihre Weise deuteten. Sie waren gewiss:

Es gibt die ewige Welt.

Die Religionen, was haben sie hervorgebracht an Tempeln und Pagoden – Denkmäler ihrer Sehnsucht, errichtet im Ausblick nach dem Ewigen. Schriften voller Lebensweisheit breiten sie vor uns aus, aber auch quälende Regeln, bedrückende Gelübde, zerstörerisches Gesetz.

Die Völker spähten nach dem weiten Horizont. In der Regel dachten sie an eine Gottheit, die unbewegt auf jenseitigen Gütern sitzt. Darum versuchten sie, durch Magie, Opfer, Gebet und Unterwerfung der Gottheit etwas abzuringen. Das alles unter oft unmenschlichen Anstrengungen. Mühe ist ein Grundprinzip der Religionen, und Suchen, Suchen, Suchen.

Die Gottlosen werden Gott nicht los

Von allen unterscheiden sich die Juden in einer Hinsicht. Obwohl ebenfalls mehr oder weniger religiös, sind sie nicht Gottsucher. Sie sind – das ist ihre Würde und Bürde – von Gott Gefundene. Laufen sie vor dem Allerhöchsten davon, läuft er ihnen nach. So sagen es die alten Schriften. Man versucht, von ihm loszukommen. Aber die Gottlosen werden Gott nicht los.

Der Höchste in Israel ist anders als die Götter der Völker. Er sitzt nicht auf jenseitigem Besitz. Er verströmt sich, ist Quelle, fließt über, nimmt die Menschen nicht aus, wie Götzen es tun. Er gibt sich hin. Er ist ein Gott, dessen Wesen darin besteht, dass er gibt und gibt. Wie soll man ihn anders beschreiben?

Da zieht ein Wanderprediger durch Israel. Er spricht mit dem Allerhöchsten. Dabei sagt er: „Abba". Das heißt: „Lieber, lieber Vater."

„Heimweh"

Als ich sieben Jahre alt war, lebte ich mit meiner Mutter in Berlin. Deutschland lag mit der Welt im

Krieg. Bomben fielen. Unser Leben war bedroht. Mit Berliner Kindern ging es nach Westpreußen: Kinderlandverschickung. Auf einem Bauernhof im Kreis Thorn wurde ich untergebracht. Da war ich vor den Bomben sicher, und genug zu essen hatte ich auch. Es war dennoch schwer. Ich hatte Heimweh. Anfangs schrieb ich jeden Abend einen Liebesbrief an die Mutter im fernen Berlin. Die Augen schwammen in Tränen.

Mein Heimweh verriet, dass ich in der Fremde war. Da war ein kleines Kind nicht mehr zu Hause, aber das Zuhause war in ihm. Das Wichtigste und Schönste am Zuhause war der Mensch, der mich liebte und den ich liebte. *Sie* war es, nach der ich Heimweh hatte. Ohne sie wäre mir selbst meine gewohnte Umgebung gespenstig erschienen. Durch den geliebten Menschen erst bekamen die Dinge ihren Glanz.

Unsere Heimat ist die himmlische Welt. Wir spüren Heimweh danach. Dabei geht es nicht um ein himmlisches Schlaraffenland. In *Gott* möchte unsere Seele sich bergen, wie sich das heimwehkranke Kind in den Armen der Mutter bergen möchte.

Zum Wesen des Menschen gehört, dass er Person ist. Ist er auf die Ewigkeit hin geschaffen, dann sagt das, dass sein ewiges Gegenüber erst recht Person ist. Kann etwas Nichtpersönliches Persönlichkeiten hervorbringen? „Der das Ohr gepflanzt hat, sollte der nicht hören? Der das Auge gemacht hat, sollte der nicht sehen?" (Psalm 94,9). Das Besondere der Ewigkeit besteht nicht darin, dass sie ein Zustand ist, eine unendliche Zeitabfolge. *Ewigkeit ist Person.* Sie ist unser endgültiges Zuhause. Wer den Menschen verstehen will, muss sein Wünschen kennen, seine Sehnsucht nach dem persönlichen Gott.

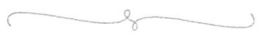

Eine *Europäische Wertestudie* zeigt, was Menschen heute bewegt, was ihnen so „heilig" ist, dass sie darüber nichts kommen lassen.

Heilig – so wurde herausgefunden – sind uns das *Wachsen* und das *Wurzeln*.[9] Wachsen steht für frei sein, das Leben so leben zu können, wie man es sich vorstellt. Es gibt jedoch kein Wachsen ohne Wurzeln. Wurzeln meint die Rückbindung in Familie, Verwandtschaft, Freundschaft, Volk, Religion: „Irgendwo muss jeder daheim sein. Wer es nicht ist, der wird leicht zum unbehausten Nomaden, seelisch vereinsamt, psychisch obdachlos [...] So braucht jede und jeder ein Dach nicht nur über dem Kopf, sondern auch über der Seele."[10]

Nur Gott kann der Seele das bergende Dach sein – er, der sie schuf. Die Bibel spricht von den Wohnungen in der anderen Welt, die uns bereitet werden (Johannes 14,2).

---

9 Zulehner, S. 12.

10 Ebd. S. 13f.

Ent-
schlüsselungen

Womit Weisheit beginnt

Die Weihnachtsgeschichte! Ewigkeit offenbart sich in unserer Zeit, so der biblische Bericht. Leuten, die im Dunkeln stehen, wird der Himmel aufgetan, Hirten, die auf dem Felde ihre Schafe hüten, so wie alle Menschen ihre Habseligkeiten hüten.

> *In der Umgebung von Bethlehem waren Hirten, die mit ihrer Herde draußen auf dem Feld lebten. Als sie in jener Nacht bei ihren Tieren Wache hielten, stand auf einmal ein Engel des Herrn vor ihnen, und die Herrlichkeit des Herrn umgab sie mit ihrem Glanz. Sie erschraken sehr.* (Lukas 2,8-9)

Die unsichtbare Welt tritt ein in die sichtbare. Für kurze Zeit ist der Vorhang beiseitegeschoben. „Wo keine Offenbarung ist, wird das Volk wild und wüst" (Sprüche 29,18). So steht es im Buch der Bücher.

Ohne Erkenntnis der anderen Seite tappen wir im Dunkeln und stoßen uns gegenseitig wund. Wie viel Leid haben Menschen und Völker einander zugefügt, weil sie im Dunkeln tappen.

Wir brauchen die Offenbarung der unsichtbaren Welt!

Ich bin einmal nachts über das erleuchtete New York geflogen – welch ein Lichtermeer! Über wie viele Milliarden Lichter verfügt unsere Welt und kann sich doch das entscheidende Licht nicht selbst anzünden!

„Sie erschraken sehr." – War es die Angst vor dem Außergewöhnlichen oder Angst um das Leben?

Die Klarheit des Herrn umleuchtete sie, *darum* fürchteten sie sich.

In die Klarheit des Herrn gestellt, tritt des Menschen Elend ins Licht. Von der Herrlichkeit des Ewigen durchleuchtet kommt zutage, was in uns ist. Da ergreift uns der Gottesschrecken als Vorbote heilsamer Gottesfurcht. Wer sich selbst erkennt, wird sein Heil nirgendwo anders mehr suchen als beim heiligen Gott.

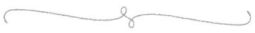

Gottesfurcht ist die höchste Form der *Gotteserkenntnis*. Sie ist nicht etwa Angst vor Gott, sondern die

Herzenshaltung, die Menschen und Völker vor dem Untergang bewahrt. Gott zu fürchten heißt, ihn ernst zu nehmen, und zwar über allem anderen. Hätten wir Gottesfurcht, würden keine Kriege mehr angezettelt, nie Atombomben geworfen, nie Kinder in Mutterleibern zerstückelt, nie Kinder und Jugendliche zum Drogenkonsum gebracht. Ohne Gottesfurcht aber gehen Wirtschaftsbosse über Leichen, zerbrechen menschliche Beziehungen, grassiert Fremdenfeindlichkeit und wird gegen die Schöpfung gefrevelt. Erst wenn die Völker Gottesfurcht lernen, werden sie aufhören, einander zu zerstören.

Wer Gott fürchtet, nimmt ihn ernster als alles andere in der Welt. „Der Weisheit Anfang ist die Furcht des HERRN, und den Heiligen erkennen, das ist Verstand" (Sprüche 9,10).

Von aller anderen Furcht unterscheidet sich die Gottesfurcht durch ihr Gegenüber. Stehen wir in der Gottesfurcht, müssen wir in dieser Welt nichts mehr fürchten. Gott zu fürchten heißt, *ihn allein* zu fürchten. Das öffnet Räume der Freiheit: Der Gottesfürchtige redet, wo geredet werden muss, und schweigt lieber, als sich in Geschwafel zu ergehen. Er handelt beherzt, wo andere wie gelähmte Kaninchen auf eingebildete Schlangen starren.

Der Allerhöchste ist als Einziger zu fürchten: „Fürchtet euch nicht vor denen, die den Leib töten – die Seele können sie nicht töten. Fürchtet vielmehr den, der Leib und Seele dem Verderben in der Hölle preisgeben kann" (Matthäus 10,28).

Menschenfurcht ist mangelnde Gottesfurcht. Schweigen, wenn Menschen Unrecht tun, ist ein Übel. Wir wissen es aus der Nazizeit. Machthabern, die im Unrecht sind, aus Feigheit nach dem Munde zu reden ist Heuchelei und zersetzt die Menschenwürde.

Wer keine Gottesfurcht kennt, mag sich groß vorkommen und ist doch der Erbärmlichste auf Erden. Er mag behaupten, er habe ein reines Gewissen und sich nichts vorzuwerfen. Dabei übersieht er, dass er einmal nicht nach selbst gebastelten Lebensrichtlinien beurteilt wird, sondern nach denen des kommenden Richters. Kein schlechtes Gewissen zu haben bedeutet nicht, vom Bösen frei zu sein. Es gibt Menschen, die bei dem Schlimmsten, was sie tun, ein „gutes Gewissen" haben. Das ist ein Zeichen der Auflehnung gegen Gott. Solch ein „reines Gewissen" ist Hinweis darauf, dass jemand von Gott nichts weiß.

Solange wir keine Gottesfurcht kennen, nehmen uns Hochmut oder Ängste gefangen. Darum kommt es darauf an, dass wir in die Gefangenschaft Gottes geraten. Da ist Freiheit, weil der Geist des Herrn ein Geist der Freiheit ist.

Die Freude ist groß

„Aber der Engel sagte zu ihnen: ‚Ihr braucht euch nicht zu fürchten! Ich bringe euch eine gute Nachricht, über die im ganzen Volk große Freude herrschen wird.

Heute ist euch in der Stadt Davids ein Retter
geboren worden; es ist der Messias, der Herr."
(Lukas 2,10-11)

Der menschlichen Seele, diesem Zittergras, wird
der Heiland verkündigt, der Retter auf ganzer Linie.
Mit ihm kommt die große Freude in die Welt, die
Schwester der Gottesfurcht.

Unter den Menschen kursiert das Evangelium!

„Frohe Botschaft!" Das erinnert an die hoffnungs-
volle Vorhersage: „Dann wird unser Mund voll Lachens sein" (Psalm 126,2).

Nun muss die Menschenseele nicht mehr vor Angst
vergehen. Wir können aufatmen, Freudensprünge
machen. Wir sind geliebt.

Als den Hirten das Herz vor Furcht zu zerspring-
gen droht, da – in diesem Moment – hören sie das
Wort: „Heute ist euch ein Retter geboren."

Allem Volk ist er geboren! Die große Freude gilt
dem Erdkreis! Gottes Plan umschließt das Universum.

Die große Freude hat einen Namen: *Jesus.*

Das Geheimnis menschlicher Freudensehnsucht
entschlüsselt sich. Hinter dem elementaren Verlangen der Menschen steht *ER.* Dass es uns zur Freude
zieht, hat mit IHM zu tun, der Freude in Person.
In ihm geht es um unsere Ewigkeit, um Freude und
Glück, Fest und Feier, Erfüllung und Vollendung.
Der Retter ist geboren.

Der Name offenbart die Absicht des Ewigen:
„Jesus" bedeutet „Gott rettet". Seine Sendung in die

Welt zielt auf das Heil aller Menschen: „Er wird sein Volk von aller Schuld befreien" (Matthäus 1,21).

Wir sprachen vom Lachen der Erlösten. *Hierin ist es begründet.*

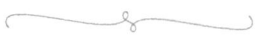

Wer über „Gott" nachdenkt, wird eine Frage stellen: *Kann ich mit dem Ewigen Verbindung haben?*

Da geht ein Mensch durch Städte und Dörfer in einem kleinen Land am Rande der Welt. Die Leute rätseln: „Wer ist er?"

Sie hören seine Worte, sehen seine Taten. Sie spüren eine Gottesnähe, die nichts Angsterregendes hat. Die Gottesnähe ist voller Liebe zu den Menschen. Verlorene erfahren Rettung, Schuldiggewordene erleben, dass der Heilige sie nicht zerstört, sondern erneuert. Segensspuren heften sich an den Wanderprediger. Vielen wird bewusst: Wir haben einen Menschen getroffen – und sind dem Schöpfer begegnet.

Glücklicher Tausch

Mit uns Menschen ist das Verderben über den Globus gekommen. Das ist eine weltgeschichtliche Tatsache. Der, der den Kosmos geschaffen hat, stellt seine Tatsache dagegen. *Haben wir die Sünde in die Welt gebracht, dann er die Vergebung der Sünden.*

Das Land durchwandernd lehrt er die Leute ein Gebet: das „Vaterunser". Zum Ewigen dürfen wir „Vater" sagen! Das gab es noch nie! Und dann die Bitte: „Vergib uns unsere Schuld!" Diese Bitte hat uns Gott in den Mund gelegt. Er, der die Vergebung in die Welt gebracht hat, zeigt, wie wir Vergebung bekommen:

„Bittet, und es wird euch gegeben!" (Matthäus 7,7)

Wir nennen das *Vaterunser* das „Gebet des Herrn". Dieses Gebet haben sich nicht Menschen für Gott ausgedacht. Das hat sich Gott für uns Menschen ausgedacht. Mittendrin die Vergebungsbitte.

Vielen fällt es schwer einzusehen, dass wir vor Gott schuldig sein sollen: „Es ist am Menschen doch nicht alles schlecht." Das weiß auch die Bibel. Jesus sagt von seinem Vater im Himmel, er lasse seine Sonne aufgehen über Böse und Gute und lasse regnen über Gerechte und Ungerechte. Moralisch gesehen gibt es Unterschiede, *Böse und Gute*. Jedoch an der Heiligkeit des Höchsten gemessen ist auch das sogenannte Gute untauglich für die Ewigkeit.

Darum sagt die Schrift: „Gut ist nur Gott, sonst niemand" (Markus 10,18).

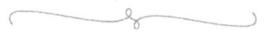

Es ist tief im Heiligkeitsbegriff verwurzelt: Schuld muss *gesühnt* werden. Will Gott sich treu bleiben, wird er über unsere Verfehlungen nicht hinwegsehen.

Er würde sein eigenes Recht verletzen, seine Ordnungen umstoßen, wortbrüchig gegen seine Statuten sein. Er wäre nicht Gott, wenn er seinem Wort nicht treu bliebe. Er denkt nicht daran, mit dem Schwamm über alle Schuld zu fahren. Von Ewigkeit her ist es so verordnet: „Ich bin ein heiliger Gott. Alles Unheilige muss vor mir verbrennen. Wer meinen Willen bricht, zerbricht", denn: „Wer das ganze Gesetz befolgt, aber gegen ein einziges Gebot verstößt, macht sich damit am ganzen Gesetz mit allen seinen Geboten schuldig" (Jakobus 2,10).

Gott ist heilig! Der Mensch ist unheilig. Wir passen in Ewigkeit nicht zusammen. Der Heilige ist ein verzehrendes Feuer. In seiner Nähe biegt sich die Menschenseele wie ein Blatt Papier, das in die Glut geworfen wird. „Ja, es ist schrecklich, dem lebendigen Gott in die Hände zu fallen" (Hebräer 10,31). Vor ihm verbrennt alles Unheilige – und *jeder* Unheilige.

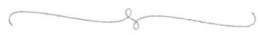

Diese Tragik der Menschen ist Gottes große Not: Der Heilige hasst das Unheilige. *Die Unheiligen aber hat er lieb!* Ihn bewegt darum *eine* Frage: *„Wie kriege ich dich heilig?* Wie kriege ich dich sündlos, damit du vor mir nicht verbrennst, sondern wir in der ewigen Welt zusammenpassen?" Die Gottesnot kann nur einer lösen: der, der den Namen *Gott rettet* trägt.

Nicht der Mensch kann sich retten. *Gott* rettet! Nicht der Mensch kann sich erlösen. *Gott* erlöst. Zu tief stehen wir bei ihm in der Kreide. Der Heilige bezahlt die Zeche, wird selber zum Lösegeld. Statt des Menschen hängt der Menschensohn am Kreuz. Er hat sich für unsere Schuld festnageln lassen. Die Schuld der Welt, die gesühnt werden muss, sühnt der einzig Schuldlose unter uns Menschen.

„Der Mensch besitzt nur Bedeutung, wenn es wahr ist, dass ein Gott für ihn gestorben ist."[11]

Ein seliger Tausch findet statt, ein fröhlicher Wechsel: Gib Gott deine größte Schande, dafür bekommst du seinen größten Schatz! Er hat die Berge unserer Schuld zum Gerichtsplatz geschleppt, als wären es seine Berge. „Den, der ohne jede Sünde war, hat Gott für uns zur Sünde gemacht" (2. Korinther 5,21).

In prophetischer Schau sagt es einer seiner Propheten Jahrhunderte vorher: „Die Strafe liegt auf ihm, auf dass wir Frieden hätten, und durch seine Wunden sind wir geheilt" (Jesaja 53,5).

„Den Schuldschein, der auf unseren Namen ausgestellt war und dessen Inhalt uns anklagte, weil wir die Forderungen des Gesetzes nicht erfüllt hatten, hat er für nicht mehr gültig erklärt. Er hat ihn ans Kreuz genagelt und damit für immer beseitigt" (Kolosser 2,14).

---

11 Dávila, 1992, S. 41

„Ja, in der Person von Christus hat Gott die Welt mit sich versöhnt, sodass er den Menschen ihre Verfehlungen nicht anrechnet; und uns hat er die Aufgabe anvertraut, diese Versöhnungsbotschaft zu verkünden" (2. Korinther 5,19).

Der Geschichtenerzähler

Bevor Jesus zum Kreuz geht, lässt er sich rückhaltlos auf die Welt ein. Er wächst bei einfachen Leuten auf, ist Kind unter Kindern. Als er aber zwölf ist, finden ihn seine Eltern nach einem Fest im Tempel. Weder die Tische der Händler noch die Geschäfte haben ihn gelockt, auch nicht das bunte Treiben der Leute. Nein, der Tempel!

Nicht der Prachtbau ist es, sondern die Nähe Gottes. Hier will er sein, hier ist er zu Hause. Er hört geistlichen Lehrern zu, stellt Fragen, wird selbst gefragt, gibt Antworten.

Die Eltern suchen ihn. Sie hätten wissen können, wo sie ihn finden: „Wusstet ihr nicht, dass ich im Haus meines Vaters sein muss?" (Lukas 2,49).

Im Alter von dreißig Jahren verlässt er seine Stadt, sammelt Männer um sich und lebt mit ihnen, wie es Rabbiner mit ihren Schülern tun.

Mit den Freunden zieht er durch Dörfer und Städte, sieht die Menschen, spricht mit ihnen, hilft, heilt, segnet. Die Freunde sind stets dabei. Sie hören, was er ihnen und anderen sagt; sie erleben, wie er sich auf Einzelne einlässt, auf Bürgerliche, auf Halunken, Prostituierte und die verhassten Zöllner. Er hält Reden, führt Gespräche. Begleitet werden seine Worte von Wundertaten, die er „Zeichen" nennt, denn sie sollen etwas zeigen.

Vor allem erzählt Jesus Geschichten. Begebenheiten, die jeder versteht. Er bringt Himmel und Erde zusammen und spricht von Gott in irdischen Bildern.

Das Besondere seiner Geschichten besteht darin, dass sie die Ewigkeit gegenwärtig machen. Von Gott heißt es im Alten Testament: „Denn wenn er spricht, so geschieht's; wenn er gebietet, so steht's da" (Psalm 33,9).

Auch Jesu Worte sind nicht bloß geredet. Spricht er, so geschieht, was er spricht. Spricht er von Vergebung, wird sie den Hörern zuteil. Redet er über Gnade, erleben Menschen ihre ewige Begnadigung. Spricht er über die himmlische Freude, schenkt er sie auf der Stelle. Gott ist nicht Gegenstand, sondern Gegenwart:

„Ihr seid schon rein; ihr seid es aufgrund des Wortes, das ich euch verkündet habe" (Joh 15,3). Menschen, die von bösen Geistern besessen sind, werden befreit. „Wenn ich die Dämonen nun aber mit der Hilfe von Gottes Geist austreibe, dann ist doch das Reich Gottes zu euch gekommen" (Matthäus 12,28).

Eines Tages ist er – wie so oft – in schlechter Gesellschaft. Betrügerische Zöllner und andere Gebrandmarkte haben sich um ihn geschart. Er isst mit ihnen. Tischgemeinschaft haben angesehene Bürger nur mit ihresgleichen. Jesus aber setzt sich mit „Heruntergekommenen" an einen Tisch. Die fromme High Society macht ihrem Ärger Luft: „Die Pharisäer und die Schriftgelehrten waren darüber empört. ‚Dieser Mensch gibt sich mit Sündern ab und isst sogar mit ihnen!'" (Lukas 15,2). Da erzählt er allen eine Geschichte:

Ein Mann hatte zwei Söhne. Der jüngere sagte zu ihm: „Vater, gib mir den Anteil am Erbe, der mir zusteht!" Da teilte der Vater das Vermögen unter die beiden auf. Wenige Tage später hatte der jüngere Sohn seinen ganzen Anteil verkauft und zog mit dem Erlös in ein fernes Land. Dort lebte er in Saus und Braus und brachte sein Vermögen durch. Als er alles aufgebraucht hatte, wurde jenes Land von einer großen Hungersnot heimgesucht. Da geriet auch er in Schwierigkeiten. In seiner Not wandte er sich an einen Bürger des Landes, und dieser schickte ihn zum Schweinehüten auf seine Felder. Er wäre froh gewesen, wenn er seinen Hunger mit den Schoten, die die Schweine fraßen, hätte stillen dürfen, doch selbst davon wollte ihm keiner etwas geben. (Lukas 15,11-16)

Der Vater ist Gott. Die beiden Söhne stehen zum *einen* für die Geächteten, zum *anderen* für die religiöse Elite. Die Geächteten erkennen sich in dem heruntergekommenen Sohn.

Die andere Seite triumphiert. Der Erzähler fährt fort:

Jetzt kam er zur Besinnung. Er sagte sich: „Wie viele Tagelöhner hat mein Vater, und alle haben mehr als genug zu essen! Ich dagegen komme hier vor Hunger um. Ich will mich aufmachen und zu meinem Vater gehen und zu ihm sagen: Vater, ich habe mich gegen den Himmel und gegen dich versündigt; ich bin es nicht mehr wert, dein Sohn genannt zu werden. Mach mich zu einem deiner Tagelöhner!" So machte er sich auf den Weg zu seinem Vater. (Lukas 15,17-20a)

Kann jemand, der sich vom Heiligsten getrennt hat, zurückkommen? Nach allem, was damals gepredigt wurde, war das nicht denkbar. Wie werden die Hörer die Geschichte in Gedanken weitergeschrieben haben?

So vielleicht: „Der Sohn warf sich vor dem Vater in den Staub. Der aber nahm einen schweren Stein und zerschmetterte dem Abtrünnigen das Haupt."

Da hören sie Jesus sagen: „Dieser sah ihn schon von weitem kommen; voller Mitleid lief er ihm entgegen, fiel ihm um den Hals und küsste ihn" (Lukas 15,20b).

Wie stehen die Gebrandmarkten jetzt da? Anstatt verstoßen zu sein, werden sie umarmt. Der Vater *küsste ihn!* Das widerspricht allem, was die Menschen bis dahin vernommen hatten.

Auf die anderen wirkt die Wende wie eine Gotteslästerung.

„Vater", sagte der Sohn zu ihm, „ich habe mich gegen den Himmel und gegen dich versündigt; ich bin es nicht mehr wert, dein Sohn genannt zu werden." Doch der Vater befahl seinen Dienern: „Schnell, holt das beste Gewand und zieht es ihm an, steckt ihm einen Ring an den Finger und bringt ihm ein Paar Sandalen! Holt das Mastkalb und schlachtet es; wir wollen ein Fest feiern und fröhlich sein. Denn mein Sohn war tot, und nun lebt er wieder; er war verloren, und nun ist er wiedergefunden." Und sie begannen zu feiern. (Lukas 15,21-24)

Die Fröhlichkeit springt auf die Heruntergekommenen über. Sie haben gerade ihren ewigen Freispruch erlebt. Gott hat sie umarmt.

So lädt sie der Erzähler ein: Kehrt um, wie der Sohn, der tot war und in den Armen des Vaters lebendig wurde.

Diese Einladung besteht für alle Zeit!

Der ältere Sohn war auf dem Feld gewesen. Als er jetzt zurückkam, hörte er schon von weitem den Lärm von Musik und Tanz. Er rief einen Knecht und erkundigte sich, was das zu bedeuten habe. „Dein Bruder ist zurückgekommen", lautete die Antwort, „und dein Vater hat das

Mastkalb schlachten lassen, weil er ihn wohl-
behalten wiederhat." Der ältere Bruder wurde
zornig und wollte nicht ins Haus hineingehen.
(Lukas 15,25-28a)

Die religiöse Elite verzerrt das Gesicht. Sie kann
sich nicht freuen. Sie ist mit ihrem Gottesbild infrage gestellt, steht vor den Trümmern ihrer Über-
zeugungen.

Der Vater unternimmt alles, um den ältesten Sohn
aus seiner Verkrampfung zu erlösen, ihn einzuladen
zum großen Fest. Die Einladung des Vaters gilt allen,
auch den Pharisäern aller Zeiten, seien sie nun gottlos
oder fromm.

Da kam sein Vater heraus und redete ihm gut zu.
Aber er hielt seinem Vater vor: „So viele Jahre
diene ich dir jetzt schon und habe mich nie deinen
Anordnungen widersetzt. Und doch hast du mir
nie auch nur einen Ziegenbock gegeben, sodass ich
mit meinen Freunden hätte feiern können! Und
nun kommt dieser Mensch da zurück, dein Sohn,
der dein Vermögen mit Huren durchgebracht hat,
und du lässt das Mastkalb für ihn schlachten!" –
„Kind", sagte der Vater zu ihm, „du bist immer
bei mir und alles, was mir gehört, gehört auch
dir. Aber jetzt mussten wir doch feiern und uns
freuen; denn dieser hier, dein Bruder, war tot,
und nun lebt er wieder; er war verloren, und
nun ist er wiedergefunden." (Lukas 15,28b-32)

So wirbt Jesus auch um die Herzen verblendeter „Gerechter". Er gibt niemanden auf, die Sünder nicht und die Gerechten auch nicht.

Wieder kam die religiöse Elite zu Jesus, lauter Männer. Sie schleppten eine Frau mit sich, beim Ehebruch ertappt. Darauf stand der Tod. Hier war eine Sünderin und das Gesetz sagte: Sie muss sterben. Kein Prophet, kein Messias würde es wagen, das Gesetz zu brechen. Sie kommen mit ihr zum Richter der Welt.

Dann wandten sie sich an Jesus. „Meister", sagten sie, „diese Frau ist eine Ehebrecherin; sie ist auf frischer Tat ertappt worden. Mose hat uns im Gesetz befohlen, solche Frauen zu steinigen. Was sagst du dazu?" Mit dieser Frage wollten sie Jesus eine Falle stellen, um dann Anklage gegen ihn erheben zu können. Aber Jesus beugte sich vor und schrieb mit dem Finger auf die Erde. Als sie jedoch darauf bestanden, auf ihre Frage eine Antwort zu bekommen, richtete er sich auf und sagte zu ihnen: „Wer von euch ohne Sünde ist, der soll den ersten Stein auf sie werfen." Dann beugte er sich wieder vor und schrieb auf die Erde. Von seinen Worten getroffen, verließ einer nach dem anderen den Platz; die ältesten unter ihnen gingen als Erste. Zuletzt war Jesus allein mit der Frau. (Johannes 8,4-9)

Sie wird nicht als Leiche weggetragen. Von ihrer Schuld befreit verlässt die junge Frau den Platz. Das Gesetz hatte durch Jesus seine tötende Kraft verloren! Sie waren gekommen, um eine Frau zu steinigen.

„Wer von euch ohne Sünde ist, der soll den ersten Stein auf sie werfen."

Die „Gerechten" machen sich aus dem Staube. Die Sünderin aber steht vor dem Heiland der Welt.

Er richtete sich auf. „Wo sind sie geblieben?", fragte er die Frau. „Hat dich keiner verurteilt? – „Nein, Herr, keiner", antwortete sie. Da sagte Jesus: „Ich verurteile dich auch nicht; du darfst gehen. Sündige von jetzt an nicht mehr!" (Johannes 8,10-11)

„Tu es nicht wieder! Du zerstörst dich. Ehebruch ist vernichtend. Mein himmlischer Vater will nicht, dass du vernichtet wirst. Er will, dass du heil wirst!"

Das ist Jesus. Kein Solidaritätsgetue, keine faulen Kompromisse, kein Verwischen von Recht und Unrecht. Er erspart ihr die Umkehr nicht. Er fordert sie auf, den Ehebruch zu beenden. In allem ist er voller Liebe zu diesem Menschen, den andere am liebsten mit ihren Steinen zerschmettert hätten. Nur eines hat Jesus im Sinn: Er will sie bewahren vor weiterem Ehebruch und dem tötenden Gesetz.

Dann schleppt er ihre Schuld an den Galgen der Weltgeschichte. So hält er Gericht über die Völker. Da ist kein anderer, der uns unsere Schuld abnimmt, nicht Buddha, nicht Mohammed. Jesus aber schleppt sie ans Kreuz und erleidet, was diese vor Gott unmögliche Frau erleiden sollte: den Tod.

Wenn ich diese Frau sehe, hilflos, mit einer zentnerschweren Last, unter der sie nie mehr froh werden sollte, dann weiß ich, dass ich ihr ähnlich bin – und den Pharisäern ähnele ich auch.

Die gefallene Frau steht für eine gefallene Welt.

Sie ist Gottes Eigentum. Er hat sie geschaffen, hat einen ewigen Bund mit den Gläubigen in ihr geschlossen, einer Ehe gleich. Gott hat sich mit den Seinen verheiratet. Die Menschen waren ihm davongelaufen, fremdgegangen, rannten Götzen nach. Auf diesen „Ehebruch" steht der Tod der Welt. Nun aber hängt der Sohn am Kreuz: „Vater, vergib ihnen, denn sie wissen nicht, was sie tun!" (Lukas 23,34).

Gekommen, um Verlorene zu suchen

Einmal waren wir im Urlaub. Liebe Freunde hatten uns ihre Stadtwohnung am See zur Verfügung gestellt. Eines Tages, wir wollten gerade zum Baden, merkten wir, dass Petra, unsere Vierjährige, fehlte. In der Wohnung war sie nicht. War sie die Treppe hinuntergelaufen zum Strand? Wir rannten in panischer Sorge am Ufer entlang. War Petra im Schilf? War sie ertrunken? Wir schrien uns die Kehle aus dem Hals. Schreckliche Augenblicke. Alles drehte sich um das verlorene Kind. Wir hatten die anderen nicht weniger lieb, aber *sie* waren geborgen, Martin, Jörg, Kerstin und Judith. Unsere brennende Suche galt dem verlorenen Kind.

So geht es unserem Schöpfer mit denen, die ihn aus den Augen verloren haben. Darum sandte er seinen Sohn in die Welt, sie zu suchen und zu retten.

Gott rennt hinter uns her und ruft. Das ist der Sinn seines Wortes.

Vielleicht denken Sie: „Ich habe ihn noch nie gehört!"

Als Petra nach einer halben Stunde immer noch nicht gefunden war, telefonierten wir mit der Polizei. Eine kleine Petra sei abgegeben worden, bekamen wir zu hören. Eine Last, schwer wie ein Felsbrocken, fiel uns vom Herzen. Hin zur Polizei. Was war passiert? Unser Kind war statt zum See in die Stadt gelaufen und hatte weinend auf einer belebten Kreuzung gestanden. Da hatte ein Mann sie in sein Auto genommen und zur Polizei gebracht.

Ich schloss sie in die Arme: „Petra, hast du denn nicht gehört? Ich habe so laut gerufen!"

„Ich war doch so weit weg."

Wie weit muss man von Gott weg sein, dass man ihn nicht mehr hört?

Eine nie gekannte Freude trat an die Stelle einer nie gekannten Angst. Unser verlorenes Kind war wieder da. Das Aufatmen und der Jubel klingen bis heute in mir nach.

Ernüchterung

Als ihm die Geburt des Messias angekündigt wird, erhält Josef die Weisung: „Dem sollst du den Namen Jesus geben, denn er wird sein Volk von aller Schuld befreien" (Matthäus 1,21).

Befreiung von Schuld! Was könnte schöner sein? Es ist das Höchste, was uns widerfahren kann, denn

„die Sünde ist der Leute Verderben" (Sprüche 14,34). Sie trennt von Gott. Ewig ohne ihn zu sein ist die Hölle. Das Buch der Bücher warnt: „Denn wir alle müssen einmal vor dem Richterstuhl von Christus erscheinen, wo alles offengelegt wird, und dann wird jeder den Lohn für das erhalten, was er während seines Lebens in diesem Körper getan hat, ob es nun gut war oder böse" (2. Korinther 5,10).

Das ist keine Drohung, sondern eine liebevolle, ernüchternde Aufforderung, sich rechtzeitig auf eine kommende Tatsache einzustellen.

Weil es ein Gericht gibt, in dem uns unsere Gottlosigkeit verklagt, ist diese mehr zu hassen als alles andere. Wenn Christus kommt, den Erdkreis zu richten, muss sich der Mensch vor ihm verantworten. Das dürfen wir nicht verdrängen oder mit Redensarten abtun.

Einem Gericht entgegenzugehen ist jetzt schon schwer genug.

Warten auf die Schlussabrechnung

Einer hat für alle bezahlt. Wenn doch alle nach Hause kämen!

Die Schrift kündigt den Tag der großen Schlussabrechnung an. Da werden Menschen zu Bergen und Felsen sagen:

„Fallt doch auf uns und verbergt uns vor den Blicken dessen, der auf dem Thron sitzt, und vor dem

Zorn des Lammes! Denn jetzt ist er da, der furchtbare Tag, an dem ihr Zorn über uns hereinbricht. Wer kann da noch bestehen?" (Offenbarung 6,16-17).

Wir werden unserem Richter nicht entfliehen. Wir ahnen es, auch wenn wir es nicht wahrhaben wollen. In dieser Hinsicht sind wir wie Kinder, die glauben, etwas existiere nicht, wenn sie davor die Augen schließen. Wegsehen hilft nicht. Hinsehen hilft. Wie anders verliefe das Leben, würden wir vom Gericht her denken!

Tod und Gericht sind die mächtigen Zukunftsgestalten, die ihre Schatten auf die Gegenwart werfen. Die Schatten wirken. Warum sonst die künstlichen Lichter einer angestrengten Diesseitigkeit?

Jesus rechnet mit dem Gericht wie wir mit dem nächsten Morgen. Er geht den Weg zum Kreuz, um das Weltgericht zu eröffnen. Der am Kreuz Gerichtete ist der Richter dieser Welt.

Das Gericht befasst sich mit der Lebensgeschichte des Einzelnen und der Geschichte der Völker. Sollte alles Unrecht nie geahndet werden? Wie viel Elend haben allein die Hitlers und Stalins aller Zeiten über Menschen gebracht! Sie haben gezeigt, welches Grauen aus Gottlosigkeit erwächst.

Bleibt das ewig ungesühnt? In welch einem ungerechten Weltenzusammenhang würden wir dann leben? Die Weltgeschichte schreit nach dem Weltgericht. Abel wird gegen Kain aufstehen, die Ermordeten gegen ihre Mörder. Unschuldig vergossenes Blut schreit gen Himmel. Das Gericht wird im Alten Testament begrüßt, weil es den Unterdrückten und Leidenden hilft und alle Tyrannen stürzt.

Gottes Gericht ist unausweichlich.

Wenn wir – wie die Schrift sagt – allein durch die Gnade und den Glauben an Jesus Christus gerettet werden, es gäbe aber kein künftiges Gericht, welche Bedeutung sollten dann Worte wie Gnade, Glaube, Erlösung, Vergebung überhaupt haben? Dann käme es auf die Unterscheidung von Glaube und Unglaube nicht mehr an. Ohne ein künftiges Gericht wäre Kirche – die Gemeinschaft der Glaubenden – ein schwammiges Gebilde. Dann gäbe es kein Draußen und kein Drinnen. Dann wäre die Welt schon Kirche und die bestehende Kirche überflüssig.

Der Ernst des Gerichts gilt auch, und *gerade*, der Gemeinde:

Das alles macht deutlich, dass wir uns nicht entschieden genug an die Botschaft halten können, die wir gehört haben, weil wir sonst in der Gefahr sind, vom Weg abzukommen. Denn schon das Gesetz, das ja durch Engel verkündet wurde, war unumstößlich, und wer seine Anordnungen missachtete oder dagegen verstieß, erhielt die verdiente Strafe. Wie sollten wir da der Strafe entgehen, wenn wir Gottes einzig-

artige Heilsbotschaft gering achten? Schließ-
lich war es doch der Herr selbst, durch den diese
Botschaft zunächst verkündet wurde, und die-
jenigen, die sie an uns weitergaben, hatten ihn
persönlich gehört; ihr Zeugnis war zuverlässig.
(Hebräer 2,1-3)

Wie wird es uns im Gericht ergehen?

Wir mögen uns über die Hitlers und Stalins empören – doch wir empören uns damit über uns selbst.
Wer hätte noch nicht Macht missbraucht, gehasst,
Mord betrieben mit böser Zunge? Fremde Verfeh-
lung, die uns persönlich nichts angeht, gibt es nicht.
Was wollen wir machen, wenn im Gericht alle Selbst-
beschwichtigung versagt und alle Auswege verriegelt
sind? Was wollen wir tun, wenn das eigene Leben
gegen uns aufsteht und uns verklagt? Es gibt ein Zu-
Spät.

Jesus ist gekommen, damit wir gerettet werden, *bevor* es zu spät ist. Er hat sich an unserer Stelle richten
lassen. Sein Kommen zielt auf unsere Bewahrung im
Gericht. Seine Verkündigung, seine Seelsorge, seine
Wunder, sein Kreuz, seine Auferstehung – alles geschieht um der ewigen Rettung willen.

Wir werden leben

Zum Gericht gehört der Tod. Er ist „der Lohn, den
die Sünde zahlt" (Römer 6,23). Sie zahlt uns heim,

was wir verschuldet haben, entlohnt uns nach unserem Verdienst. Sie zahlt in bar, und ihre Währung ist der Tod.

Der Tod ist nicht nur das natürliche Ende.

„Das macht dein Zorn, dass wir so vergehen und dein Grimm, dass wir so plötzlich dahinmüssen. Denn unsere Missetaten stellst du vor dich, unsere unerkannte Sünde ins Licht vor deinem Angesicht", heißt es im 90. Psalm.

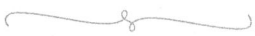

Nun aber der Jubelruf: „Christus [...] hat den Tod entmachtet" (2. Timotheus 1,10). Jetzt gilt eine andere Währung. Hieß es zunächst: „Der Lohn, den die Sünde zahlt, ist der Tod", so heißt es nun: „Aber das Geschenk, das Gott uns in seiner Gnade macht, ist das ewige Leben in Christus Jesus, unserm Herrn!" (Römer 6,23b).

Der Tod erfährt eine grundlegende Verwandlung, weil die Sünde im Blick auf unsere ewige Zukunft entmachtet ist. Die Todesmünze ist entwertet.

„Der Tod ist auf der ganzen Linie besiegt!" „Tod, wo ist dein Sieg? Tod, wo ist dein tödlicher Stachel?" Der Stachel, der uns den Tod bringt, ist die Sünde, und dass die Sünde solche Macht hat, liegt am Gesetz. Gott aber sei Dank! Durch Jesus Christus, unsern Herrn, schenkt er uns den Sieg! (1. Korinther 15,53-57)

Christus hat den Tod entmachtet und hat uns das Leben gebracht, das unvergänglich ist. So sagt es das Evangelium (2. Timotheus 1,10).

Die „Kinder der Auferstehung" haben – auch wenn sie sterben – das Leben nie hinter sich. Sie haben es vor sich.

„Jesus lebt! Nun ist der Tod mir der Eingang in das Leben."[12]

Jesus sagt ein wundersames Wort: „Gott ist doch nicht ein Gott der Toten, sondern der Lebenden; *für ihn sind alle lebendig*" (Lukas 20,38).

Der Höchste thront nicht einsam im Himmel, umgeben vom Leichengeruch der Jahrtausende. Die unsichtbare Welt ist bewohnt, bevölkert von Engeln, den dienstbaren Geistern Gottes, den himmlischen Heerscharen und von denen, die im Herrn gestorben sind.

Für ihn sind alle lebendig!

Jetzt, wo wir in dieser sterblichen Welt unser Dasein haben, haben sie ihr Dasein in der Ewigkeit. Als Jesus auf einem Berg „verklärt" erscheint, sind Mose und Elia bei ihm (vgl. Matthäus 17). Aus menschlicher Sicht waren sie Jahrhunderte zuvor gestorben. Die Gestorbenen sind demnach bei Gott nicht tot. „Für ihn sind alle lebendig!" Nicht ein Gott der Toten ist

---

12 EG, 115,6.

er, sondern der Lebendigen! Dem Leidensgenossen am Kreuz sagt Jesus: „Heute noch wirst du mit mir im Paradies sein!" (Lukas 23,43).

Was wären wir ohne den Ausblick auf die Ewigkeit?

Materie wären wir, die sich ihrer selbst bewusst wird. Und das nur um zu wissen, dass sie bei allem Selbstbewusstsein sinnlos ist, auch entgegen allem Hunger nach Sinn, entgegen aller Sehnsucht nach ewiger Geltung.

Nun aber ist Christus auferstanden! Die Auferstehungshoffnung bedeutet Geborgenheit in einer sonst bedrohlichen Welt. Dabei geht es nicht allein darum, uns über das eigene Sterben hinweg zu trösten:

> Die christliche Hoffnung ist Hoffnung im Angesicht des Todes des anderen und somit Ausdruck einer Solidarität mit dem Mitmenschen, die sich auch praktisch zu bewähren hat. Sie ist mithin das genaue Gegenteil eines Heilsegoismus, der nur um das eigene Leben und dessen mögliche postmortale Fortexistenz besorgt ist [...] Dem Glauben an die Auferstehung der Toten korrespondiert ein solidarisches Handeln [...] So begreift sich auch die Kirche als Gemeinschaft der Lebenden und der Toten.[13]

---

13 Körtner, S. 103, 119.

Wer will, der trinke

Wenn die Hebräer vom Wesen des Menschen sprachen, sagten sie „näfäsch". Das Wort wird mit „Seele" nur unzureichend wiedergegeben. Darin schwingt noch etwas anderes mit, nämlich „Gurgel, Kehle". Der Mensch wird mit dem Organ der Nahrungsaufnahme beschrieben, als das nicht zu stillende, immer bedürftige, unersättliche Wesen. Ich denke an ein Vogelnest voller Jungen. Sie sperren ihre Schnäbel zum Zerreißen weit auf, strecken sich dem Futter entgegen. So ist das Wesen des Menschen, voller Sehnsucht nach Leben, gierig, hungrig, unersättlich. *Näfäsch* – das ist der Mensch in seiner Gottesbedürftigkeit: „Wie der Hirsch schreit nach frischem Wasser, so schreit meine Seele *(näfäsch)*, Gott, zu dir. Meine Seele dürstet nach Gott, nach dem lebendigen Gott" (Psalm 42,2-3). Die Seele wird nicht vergeistigt, sie ist „gurgelhaft", und die Gurgel ist beseelt. Die Seele hat Hunger, Durst, möchte Gott essen, trinken, schmecken, sonst müsste sie verkommen.

Dass es die Quelle gibt und wir hätten sie nicht gewollt, muss in Ewigkeit die Hölle sein. Wer aber sagt: *Ich will ihn, weil er die Quelle ist, weil er das Leben ist,* in dem beginnt der Himmel auf Erden. „Wer Durst hat, der komme! Wer will, der trinke vom Wasser des Lebens; er bekommt es umsonst" (Offenbarung 22,17).

Weinend sagt Jesus über seine Stadt: „Jerusalem ... Wie oft wollte ich deine Kinder sammeln wie eine

Henne, die ihre Küken unter ihre Flügel nimmt! Aber ihr habt nicht gewollt" (Matthäus 23,37). Er hat gewollt. Sie haben nicht gewollt.

Sich auf ihn einzulassen oder ihn von sich zu weisen sind die zwei Möglichkeiten. Dazwischen gibt es nichts.

Flucht

Die Flucht vor dem besten Freund

Früher lebten die christlichen Menschen in dem Bewusstsein, dass der Himmel ihr ewiges Zuhause ist. Wurde ein Mensch geboren, trat er in eine glaubende Welt. Die war lange vor ihm und seinem eigenen Glauben da. Ehe man es sich versah, gehörte man dazu. Wohl gab es Einzelne, die sich losrissen und aus dem Haus des Glaubens ausbrachen. Solch ein Ausbruch war nur aufgrund einer persönlichen Entscheidung möglich. Sagte sich jemand los, trat er damit in Widerspruch zur Welt der Glaubenden. Dieser Schritt wurde gegenüber Gott und der Glaubensgemeinschaft als Versündigung empfunden.

Heute ist es umgekehrt. Der christliche Glaube als Heimat aller ist zerstört. Wird jemand geboren, tritt er in der Regel in eine christusferne Welt. Der Mensch unseres Kulturraums weiß sich der Ewigkeit nicht mehr zugehörig. Der Himmel ist ihm nicht nur fremd, er ist für unser modernes Lebensgefühl einfach nicht vorhanden. Glaubenslos aufgewachsen hat der westliche Mensch seine Verwurzelung in der Gottes-ferne. Hier hat er Heimatgefühle entwickelt, die ihn an den Unglauben binden. Glaubenslos zu sein gehört zum postmodernen Menschen, wie es zu jemandem gehört, Deutscher oder Engländer zu sein. Da ist kein besonderer Schritt mehr nötig, dass sich einer von Gott lossagt. Er ist bereits Teil einer von Gott los-gesagten Masse. Er ist ungläubig, ohne sich für den Unglauben entschieden zu haben. Vom Glauben kann er sich nicht losreißen. Er lebt von Anfang an in der Masse der Losgerissenen. Weil viele das aber nicht ertragen, fliehen sie in die Welt der fantastischen In-nerlichkeit, der Esoterik. Da, so meinen sie, fänden sie ohne Gott alles wieder, was sie durch ihre Gottlosig-keit verloren haben.

Will heute jemand an den persönlichen Gott glau-ben, kann er das nur, wenn er sich gegen die Masse entscheidet. Er muss aus dem Unglauben, in dem er beheimatet ist, auswandern. Dadurch wird er zum Fremdling. Er „sündigt" gegen die Allgemeinheit, wenn er es plötzlich mit Gott hält.

In meiner Verwandtschaft waren wir aus Ge-wohnheit in der Kirche. Dem Glauben waren wir aber dermaßen entfremdet, dass es uns nicht im Traum eingefallen wäre, z. B. am Heiligen Abend zum Got-tesdienst zu gehen. Unkirchlich zu sein war Tradition. Als ich mit 18 Jahren zum persönlichen Glauben an Christus kam, ging es wie eine Erschütterung durch die Familie der Verwandten, die mich als elternlosen Elfjährigen aufgenommen hatten. Zunächst wurden

Witze über mich gemacht. Als ich später ankündigte, meinen Beruf aufzugeben, um Theologie zu studieren, war der Spaß vorbei: „Wenn du das tust, brauchst du unser Haus nicht mehr zu betreten."

Sie waren doch vernünftige Leute, was erregte sie so sehr?

Mein Verhalten war ihnen dermaßen fremd, dass sie es als eine Art Verrat gegen ihr Lebensgefühl empfanden. Sie waren in der Gottesferne zu Hause, in der Flucht vor ihrem besten Freund.

Die *Flucht vor Gott*[14] hat sich verselbstständigt. Sie ist zu einem Phänomen der Massen geworden. Die Menschen tun so, als ob es Gott nicht gäbe. Dabei sind es die Menschen, die es ohne Gott nicht gäbe.

Faszination des Untergangs

Nur wenige ahnen, dass sich mit der Gottesfrage letzter Ernst verbindet. Die meisten wissen nicht, dass es um alles geht, um Sein oder Nichtsein. Der Selbsterhaltungstrieb, sonst zu jeder Zeit und an jedem Ort des Lebens präsent, scheint ausgeschaltet. Schlimmer noch: Neben dem Selbsterhaltungstrieb gibt es eine Faszination des Untergangs, den Hang, sich selbst aufzugeben.

In Schweden war ein Mann auf das Geländer einer Brücke geklettert, die hoch über einer Meerenge

---

14 Siehe dazu: Picard, *Flucht vor Gott.*

gespannt war. Er wollte einen Schlussstrich ziehen. Als er dann den Abgrund unter sich sah, wurde er unschlüssig. Minutenlang stand er da. Längst hatten ihn Leute entdeckt. Immer mehr blieben stehen. Sie starrten von unter herauf. Ihre Ungeduld wuchs. Plötzlich schrie einer aus der Menge: „Spring endlich ab!" Wie ein Signal fiel dieser Ruf in die Massen, die ihn aufnahmen und im Chor ebenfalls schrien, lautstark und im Takt: „Spring endlich ab! Spring endlich ab!" Der Selbstmordkandidat stand da, starrte in die Tiefe, hörte den Chor der Schreier. Dann sprang er „endlich" ab. Er wurde aus dem Wasser gefischt und konnte lebend geborgen werden. Später gab er zu verstehen, dass er auf dem Geländer stehend seinen Selbstmordplan bereits aufgegeben hatte. Aber die Zurufe der Menge hätten ihn mit solcher Gewalt getroffen und gezogen, dass er sich zum Absprung gezwungen sah.[15]

Warum hat der Mann der Menge gehorcht?

Hatte ihr Ruf in seinem Inneren einen Verbündeten?

„Spring endlich ab! Lass dich fallen!" Sich dem Zuruf der anderen und der Einflüsterung des eigenen Herzens zu ergeben ist so leicht. Sich fallen zu lassen kann von seltsamer Süße sein. Abgründe ziehen an. Bergsteiger wissen das. Selbst der Schwindelfreie kann am Abgrund nicht vorbeigehen wie an einer flachen Wiese.

---

15 Nach Eugen Gürster: „Die Macht der Dummheit", Herderbücherei, 1974, S. 128.

Es gibt den Tiefenrausch. Man muss ihm widerstehen. Jede Tiefe enthält die Aufforderung, sich in sie hinabzustürzen, als teile sich unsere Erdenschwere auch der Seele mit. Sie mag sich dagegen sträuben, die Unvernunft aber möchte sie hinabziehen in die Täler der Dummheit, der Bosheit, in den Untergang.

Die Bibel rechnet mit der Zerstörung als einer persönlichen Macht. Keine blinde Schicksalsmacht setzt uns zu. In der Schrift steht *diabolos*, das heißt *Durcheinanderwerfer*. Luther übersetzt: *Teufel*.

An den Pranger gestellt

Millionen Augen haben das Foto in der Zeitung gesehen. Eine Mutter hatte ihren Jungen in der Stadt an einen Betonpfahl gekettet. Um den Hals hatte sie ihm ein Plakat gehängt: „Ich bin ein Dieb." Fünf Mark und zweiundzwanzig Pfennig sollte er gestohlen haben. Passanten gingen an dem Kind vorüber. Niemand befreite den Kleinen von der Barbarei seiner Mutter.

Schuldiggewordene stellen wir mit seltsamem Behagen an den Pranger, weil wir meinen, da gehörten sie hin, die Richterrolle dagegen gehöre uns.

Manche Eltern sind reich. Ihre Kinder streunen indes durch Kaufhäuser und stehlen. Sie tun es nicht aus Bosheit, eher aus unbewusster Verzweiflung. Ihre Seele muss eine Spannung ertragen, der sie nicht gewachsen ist. Psychologen sagen, das Stehlen solcher Kinder sei eine Ersatzhandlung. Die Jungen und

Mädchen würden zu Hause zu wenig Liebe erfahren. Die Waren des Kaufhauses werden zum Symbol für ein Gut, das der Seele der Kinder fehlt.

Hatte jene Mutter ihr Kind nicht lieb genug gehabt? Ist es dadurch zum Dieb geworden? Vielleicht war die Frau von ihrem Mann verlassen worden. Sie allein konnte dem Kind nicht die nötige Liebe geben. Sie hätte den Vater des Kindes dringend gebraucht. Der aber war möglicherweise weggelaufen.

Und der Mann? Hatte es ihm die Gesellschaft mit der Untreue nicht gar zu leicht gemacht? In einer Wegwerfgesellschaft werden auch Menschen weggeworfen. Über Ehebrüche macht man Witze. Scheidungen sind hoch akzeptiert.

Die Kirchen rühmen sich, dass es kein Verein auf so viele Mitglieder bringt wie sie. Ihr Einfluss auf die Bevölkerung ist jedoch gering. Von einem heiligen, richtenden Gott werden die Menschen in einer harmlos gewordenen Kirche kaum noch etwas hören. Dabei steht in dem Buch, auf das sie schwört: „Ja, es ist schrecklich, dem lebendigen Gott in die Hände zu fallen" (Hebräer 10,31).

Ein Teil dieser Kirche bin ich. Die Häresie ihrer Harmlosigkeit kann ich nicht genüsslich betrachten. Sie ist auch die meine. *Wenn es um Schuld geht, stehen alle am Pranger.* Sich als unbeteiligter Zuschauer zu empfinden ist Heuchelei.

In einem Ort waren böse Dinge passiert. Als der Pfarrer davon hörte, soll er gesagt haben: „Wir müssen Buße tun."

Was in der Stadt an Verfehlungen sichtbar wurde, machte er zu seiner eigenen Sache. Er hängte nicht anderen ein Plakat um, sondern stellte sich mit den Schuldiggewordenen unter das Gericht. Er band sich die Sünde, die er um sich herum sah, um den eigenen Hals:

„Wir müssen Buße tun."

Buße ist Umkehr, Hinwendung zu Gott. Der will unserer Missetaten nicht mehr gedenken. Christus ist nicht gekommen, dass er die Welt richte, sondern dass er sie rette. Er hat sich die Sünden der Welt um den Hals gehängt, den Diebstahl des Jungen, die Barbarei der Mutter, den Ehebruch des Vaters, die Ruchlosigkeit der Gesellschaft, die untätige Haltung unserer Kirchen, meine Schuld. Auf Golgatha hat der Ewige seinen Sohn stellvertretend für uns an den Pranger gestellt.

Am Kreuz ist er nicht gescheitert. Er hat unser Scheitern auf sich genommen.

Wir können nur gewinnen

Mehr als acht Milliarden Menschen, die unseren Globus bevölkern, empfinden sich als Weltmittelpunkt. Auf diesen Grundirrtum prallt die Botschaft, dass *Gott* die Mitte aller Wesen und Dinge ist. Hier prallen Mächte aufeinander. Wahrheit trifft auf Lüge, Licht auf Finsternis. Das Evangelium ist die größte Kampfansage gegen die Vermessenheit des Menschen, ein Angriff der Liebe zur Rettung der Verlorenen.

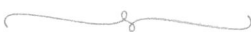

Die Gottesferne des Menschen zeigt sich nicht allein in bösen Taten. Auch ihre guten Werke sind vom Sündenfall beeinflusst. Wir sind nicht deswegen Sünder, weil wir gesündigt haben. Wir haben gesündigt, *weil wir Sünder sind*. Darum brauchen wir nicht nur Vergebung. Wir brauchen ein neues Herz: „Und ich will euch ein neues Herz und einen neuen Geist in euch geben und will das steinerne Herz aus eurem Fleisch wegnehmen und euch ein fleischernes Herz geben" (Hesekiel 36,26).

Was Gott im Alten Bund verspricht, erfüllt er im Neuen.

Paulus staunt: „Denn er hat uns aus der Gewalt der Finsternis befreit und hat uns in das Reich versetzt, in dem sein geliebter Sohn regiert" (Kolosser 1,13).

Das ist der Herrschaftswechsel.

Was haben wir zu verlieren, wenn wir uns darauf einlassen?

Unsere Verlorenheit haben wir zu verlieren und bekommen das Leben. Unsere Schuld haben wir zu verlieren und gewinnen eine Reinheit, weiß wie frisch gefallener Schnee. Unsere Gottlosigkeit haben wir zu verlieren und bekommen innige Gemeinschaft mit unserem Schöpfer.

Wer das alles nicht glauben kann oder will, versuche einmal, einen Monat lang auf Probe nach Gottes Willen zu leben. Ihm wird Überraschendes widerfahren. Jesus sagt: „Wenn jemand bereit ist, Gottes Willen zu erfüllen, wird er erkennen, ob das, was ich lehre, von Gott ist oder ob ich aus mir selbst heraus rede" (Johannes 7,16-17).

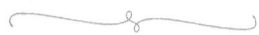

Es war bei einem Krankenbesuch. Vor der Tür des Krankenzimmers flüsterte der Arzt: „Eine Todeskandidatin. Aber sie quält sich, kann nicht sterben." Dann war ich bei ihr. Sie hatte keinen Frieden mit Gott. Ich sagte ihr:

„Wenn eure Sünde auch blutrot ist, soll sie doch schneeweiß werden, und wenn sie rot ist wie Purpur, soll sie doch wie Wolle werden" (Jesaja 1,18). „Ich tilge deine Missetat wie eine Wolke und deine Sünden wie den Nebel" (Jesaja 44,22). „Das Blut Jesu, seines Sohnes, reinigt uns von aller Sünde" (1. Johannes 1,7).

Mächte tobten in ihrem Inneren: „Soll ich das Geheimnis, das ich mit der Finsternis habe, ans Licht bringen?"

Schließlich brachte sie die Schuld, die sie lange bedrückt hatte, über die Lippen. Da konnte ich es sagen:

„Dir sind deine Sünden vergeben!" Und noch einmal: „Das Blut Jesu Christi macht dich rein von aller Sünde." Da wurde die Erlösung sichtbar. Die Sonne ging auf über ihr. Sie hatte ihre Last verloren und das Himmelreich gewonnen. Bald war sie dort, wo wir den Verborgenen schauen. Auf ihrem Sterbebett ist ihr das Wort von ihrer ewigen Versöhnung begegnet. Es ist das Wort, das Menschen in Frieden leben und sterben lässt.

Der Ewige ist aber nicht nur ein Gott für unser Sterben. Er ist ein Gott für unser Leben.

„Dressierte Affen"?

Es gibt eine Lebensweise, die versucht, sich gegenüber Gott religiös zu behaupten. Da hat der Mensch seine Mittelpunktstellung nicht aufgegeben. Er bedient sich der Gottheit.

Mir sagte mal jemand, er habe sich stets bemüht, nach Gottes Willen zu leben. „Darum ist es mir im Leben auch immer gut gegangen", fügte er selbstzufrieden hinzu. Dass es ihm gut gegangen war, verstand er nicht als Geschenk. Er hatte es sich verdient. Mir war, als ginge es ihm in seiner Religiosität weniger um Gott als mehr um das eigene Wohlergehen. Gott hatte, wie er glaubte, glänzend funktioniert.

Hier war Gott nicht Mitte, sondern *Mittel*, das Dasein zu bewältigen. Die Beziehung zur unsichtbaren Welt wird leicht einmal dazu missbraucht, in der sichtbaren Welt Erfolge zu haben. Christus wird zum Problemlöser, der dazu da ist, unsere Nüsse zu knacken.

Der Ewige als Nussknacker höherer Ordnung.

Umgekehrt gibt es Zeitgenossen, die sich über Gott beklagen. Sie haben gebetet, und doch sind die Geschäfte schlecht gelaufen. „Beten hilft auch nix!", sagte mir einer. Sein Glücksgott hatte nicht funktioniert. Er fragte nicht wirklich nach dem Höchsten, sondern danach, was er ihm bringen würde. Der Ewige war ihm offensichtlich so viel wert, wie er ihm dabei half, eigene Ziele zu verwirklichen.

Ein größeres Glück, als Jesus Christus zu gehören, gibt es nicht. Daraus abzuleiten, im Leben stets Glück zu haben, ist ein religiöser Irrtum. Gott ist kein Talisman. Manch einer hat den Hang, über Gott verfügen zu wollen. Wer sich aber selbst sucht, wird sich und alles verlieren.

Darum müssen wir *von oben geboren* werden (vgl. Johannes 3,3[16]). Anders werden wir Gott das Verfügungsrecht über uns nicht überlassen.

Der Kirchenvater Gregor von Nyssa erzählte eine Geschichte:

Ein umherziehender Schausteller hatte einen Affen dressiert. Der war in der Lage, mit

---

16 Die NGÜ merkt hier Folgendes an: „Das griechische Wort für ‚von neuem' bedeutet auch ‚von oben her'." So wird es auch in manchen anderen Bibelübersetzungen wiedergegeben.

Tänzerinnen zusammen aufzutreten und sich hinter einer Maske so zu verbergen, dass das Publikum ihn nicht herausfinden konnte. Das mit großem Beifall bedachte Spiel wurde jedoch einmal durch den Streich eines Zuschauers beendet: Er hatte ein paar Nüsse in der Tasche, die er auf die Bühne warf. Im Nu brach die wahre Affennatur durch. Die Maske wurde von dem Tier zerrissen, und es fraß gierig, was ihm vorgeworfen worden war.

Als Moral der Geschichte sagte der Erzähler: Genauso ist es mit denen, die das Christentum wie eine Maske tragen, ohne dass sie in ihrem Herzen verwandelt sind. Die Maske wird abgerissen, wenn Krisen kommen. Irgendwann kommt die wahre Natur wieder zum Vorschein.

„Euer Leben ist verborgen"

Wie weiß man, ob jemand von oben geboren ist oder das Christsein nur nachäfft?

Mit dieser Frage kommen wir an eine Grenze. Paulus schreibt: „Euer Leben ist verborgen mit Christus in Gott. Wenn aber Christus, euer Leben, offenbar wird, dann werdet ihr auch offenbar werden mit ihm in Herrlichkeit" (Kolosser 3,3-4; LUT).

Das Christenleben ist verborgen mit Christus in Gott. Wir können es nicht beweiskräftig vorführen oder nachweisen, weder wenn wir auf uns noch wenn wir auf andere schauen.[17] Aus diesem Grund rät der Hebräerbrief: „Lasst uns [...] aufsehen zu Jesus, dem Anfänger und Vollender des Glaubens" (Hebräer 12,1-2). Dieses Aufsehen auf Jesus wird immer etwas mit dem Hören und Lesen seines Wortes zu tun haben.

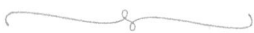

Wir haben mit unserem Glauben nicht angefangen. Wir werden ihn auch nicht vollenden. Darum verleiht nicht etwa der Blick auf unser Leben Gewissheit des ewigen Heils, sondern der Blick auf Jesus, der unser Leben ist. Uns steht es auch nicht zu, über den Glauben anderer zu richten. Wir können nicht in die Herzen schauen. Gesunde oder falsche Lehre lässt sich beurteilen, die verborgene Herzenshaltung nicht.

Das vergessene Geheimnis

Christen müssten fröhliche Leute sein. Zumindest sollte stille Begeisterung von ihnen ausgehen, Gelassenheit. Es müsste bei ihnen zu spüren sein, dass da etwas ist, was es sonst nicht gibt.

---

17 Siehe: Gleichnis vom Unkraut unter dem Weizen, Matthäus 13,24-30.

Sie brauchen nicht ständig mit einem Plastiklächeln herumzulaufen. Das ist nicht gemeint. Spürbar aber müsste die Freude der Christen schon sein.

Warum ist von der Erlösung so wenig zu merken?

Viele Kirchenchristen glauben zwar an den Erretter. Von ihrer *persönlichen* Errettung aber wissen sie nichts. Sie haben Reden von der Gnade vernommen, aber sie haben die Gnade nie auf sich bezogen. *Sie wissen, dass Jesus der Erlöser ist, wissen sich selbst aber nicht erlöst.* Sie glauben, dass Jesus gesagt hat, wer an ihn glaubt, habe ewiges Leben. Sie glauben an ihn, aber sie glauben nicht, dass sie nun ewiges Leben haben. Sie halten alles nur scheinbar für wahr. Zur persönlichen Klarheit und Aneignung des Geheimnisses sind sie nicht gekommen. Sie wissen nicht, dass sie über ihr Heil Gewissheit haben können.

Der Jubel über die Erlösung hält sich in unseren Kirchen darum in Grenzen. Er wirkt liturgisch eingefroren. Eine Gemeinde, die nicht glaubt, was sie singt, ist unglaubwürdig. Christen unserer Tage ist Entscheidendes verlorengegangen: *die Gewissheit des ewigen Lebens.*

Mit der biblischen Zusage der Gewissheit über unser persönliches Heil gehen wir um wie ein Zuchthäusler, der unentwegt Gnadengesuche an seinen Bundespräsidenten schreibt und die Antwort nicht realisiert:

Sehr geehrter Herr Bundespräsident,

Weihnachten steht vor der Tür, und ich wäre so gern wieder zu Hause. Meine Tat bereue ich sehr. Ich bitte Sie herzlich, mich bei der Weihnachtsamnestie zu berücksichtigen. Bitte, Herr Bundespräsident, begnadigen Sie mich!

Mit vorzüglicher Hochachtung
Fritz Müller

Der Bundespräsident erhält den Brief, prüft die Akten des Bittstellers und schreibt:

Sehr geehrter Herr Müller,

Ihre Bitte, in der Weihnachtsamnestie berücksichtigt zu werden, habe ich erhalten. Ich freue mich, Ihnen eine gute Nachricht übermitteln zu können: Sie sind begnadigt und ab sofort frei.

Mit freundlichen Grüßen
NN. Bundespräsident

Fritz Müller erhält das Begnadigungsschreiben. Doch statt vor Freude einen Luftsprung zu machen, nimmt er das Dokument mit traurigem Gesicht, legt es seufzend in eine Schublade und vergisst, was er gelesen hat. Dann setzt er sich hin und schreibt erneut ein Gnadengesuch.

Der Bundespräsident wundert sich und sendet seinen Brief nochmals an Herrn Müller. Dieser nimmt das Dokument wiederum mit trauriger Miene, legt es in die Schublade, seufzt, vergisst alles wieder. In einem nächsten Brief bittet er abermals um Gnade. Das Hin und Her wiederholt sich. Schließlich wird das Staatsoberhaupt ärgerlich und denkt: „Dieser Fritz Müller nimmt mein Wort einfach nicht ernst. Er bittet um etwas, was ihm längst gewährt worden ist. Wann sagt er endlich *danke,* nimmt seine Begnadigung an, tritt ins Freie und lebt als Begnadigter?"

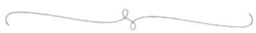

Ähnlich muss es Gott bei dem beständigen „Kyrie eleison" seiner Christenheit ergehen. Das „Herr, erbarme dich!" ist in konkreter Not eine kostbare Bitte. Sie hilft uns, dem Ewigen den Schmerz unserer Seele vor die Füße zu legen. Völlig unangebracht aber ist sie, wenn Christen, denen ihre Erlösung im Worte Gottes doch zugesagt ist, damit an ihre ewige Rettung denken. Eine in anderen Zusammenhängen tröstliche Bitte kann hier leicht zur Gebetsmühlenäußerung von Unerlösten verkommen.

Für Menschen, die Jesus als ihren Erlöser angenommen haben, gilt: Für unsere Rettung dürfen wir danken. Wir müssen um sie nicht mehr bitten.

Wende

Über die Gewissheit

Wer das Neue Testament liest, erfährt, dass wir uns des ewigen Heils gewiss sein dürfen. Mögen wir auch wanken, der Grund, auf dem wir stehen, wankt nicht.

Glaube atmet die *Gewissheit des ewigen Lebens*.

Die ersten Christen waren von ihrer angestammten jüdischen bzw. heidnischen Religion samt den dazu gehörenden Ängsten zur Freiheit der Kinder Gottes gelangt. Das Evangelium hatte ihnen ihre Erlösung tief eingeprägt.

Zunächst gilt die Gnadenbotschaft den verlorenen Söhnen und Töchtern Israels. Aus dem Munde des Nazareners – in seinen machtvollen Reden, einprägsamen Statements, bildhaften Vergleichen – vernehmen Verurteilte ihren ewigen Freispruch. Das Neue Testament ist voll von staunenden Rufen über den Ewigen und seinen Gesandten. Einst Verlorene wissen sich gerettet. Trotz aller Anfeindungen und Verfolgungen können sie es nicht lassen, von dem zu reden, was sie gesehen und gehört haben. Für ihren

Erlöser brennend verbreiten sie die Liebesglut, zuerst im eigenen Volk, dann unter den Völkern. Wie ein Lauffeuer breitet sich die Botschaft von der ewigen Rettung auch unter den Heiden aus. Der Siegeszug des Evangeliums ist auch unter ihnen nicht aufzuhalten.

Ein Kleinod des neuen Glaubens ist die Gewissheit des Heils!

Frühere Christen nannten sie *die Krone des Glaubens*. Diese Krone haben sie sich nicht selbst aufgesetzt. Gott krönt uns mit Gnade und Barmherzigkeit (Psalm 103,4). Das Evangelium, das uns des ewigen Lebens gewiss macht, ist ein Geschenk, und zwar *das schönste unter der Sonne*.

Jesus Christus spricht: „Wer auf mein Wort hört und dem glaubt, der mich gesandt hat, der *hat* das ewige Leben" (Johannes 5,24).

Das Wörtlein „hat" spricht Bände. Zugleich stürzt es heidnisches Denken in die Krise. Heidnisches Wesen – tief in uns allen verwurzelt – will sich durch angestrengtes Wohlverhalten selbst erlösen.

Nun aber ist Jesus da. *„Es ist vollbracht!"*, schreibt er in unsere heidnischen Herzen. Das ist das Ende der religiösen Selbsterlösung!

Wer Christus vertraut, hat das ewige Leben!

Kein „vielleicht" steht da, kein „es könnte sein" oder „es ist zu vermuten". Mit dem kleinen „hat" schenkt er *Gewissheit des Heils*.

Du darfst sein

Christen leben aus dem *Sein* und nicht aus dem *Sollen*.

Das Schönste wird geschenkt. Aus dem Sein zu leben lässt aufatmen. Wir werden von der letzten Instanz nicht unter Druck gesetzt. Wir leben in der Freiheit der Kinder Gottes!

Von den Angestellten im Weißen Haus in Washington wird viel erwartet. Sie stehen unter enormem Leistungsdruck. Es wird berichtet: Mit dem US-Präsidenten J. F. Kennedy waren auch seine Kinder in das Weiße Haus eingezogen. Sie spielten herum, rannten oft ungebremst durch die Vorzimmer des Staatsoberhauptes, hatten *ungehinderten Zutritt zu ihrem Vater.* Sie lebten frei von jedem Leistungszwang. Sie waren die Kinder des Höchsten, mussten vor ihm nichts leisten, standen nicht unter Druck. Sie drückte kein Soll. Sie lebten aus dem, was sie waren – die Kinder des Präsidenten.

Das ewige Reich ist das Vaterhaus, unter dessen Dach wir das Höchste sind, was Menschen sein können: Kinder des Allerhöchsten! Wir sind es nicht von Natur, aber aus Gnade.

Christen leben aus dem ihnen gewährten Sein. Sie *sind* Gottes Kinder. Erwählte sind wir, Geliebte, Angenommene. Das mussten wir uns nicht erarbeiten.

In unserer Leistungsgesellschaft müssen wir Pflichten erfüllen und Zwänge ertragen. Gegenüber der Ewigkeit stehen wir nicht unter Druck:

Kommt zu mir, ihr alle, die ihr euch plagt und von euerer Last fast erdrückt werdet; ich werde sie euch abnehmen. Nehmt mein Joch auf euch und lernt von mir, denn ich bin gütig und von Herzen demütig. So werdet ihr Ruhe finden für eure Seele. Denn das Joch, das ich auferlege, drückt nicht, und die Last, die ich zu tragen gebe, ist leicht. (Matthäus 11,28-30)

Der Druck, beständig etwas zu sollen, ist uns genommen.

„Glaube heißt Wurzeln schlagen auf geschenktem Boden."

Gott lässt uns in Ruhe wachsen, ohne Krampf und falsche Anstrengungen. Durch Jesus Christus dürfen wir Gottes Kinder sein. Und der Geist bestätigt, dass wir es sind: „Ja, der Geist selbst bezeugt es uns in unserem Innersten, dass wir Gottes Kinder sind" (Römer 8,16).

Solche Zuversicht ruht nicht wie ein fester Besitz in uns. Sie beruht auf seinem Wort und dem Zeugnis des Geistes, der uns das Wort lebendig macht. In uns selbst rumort es. Da schwankt es im Fühlen und Wollen. Wir produzieren keine Gewissheit. Wir produzieren Zweifel, Verzagtheit, Kleinglauben. Der Glaube ist angefochten. Aber die Wankelmütigen stehen auf starkem Felsen: *Gottes Wort.* Das gilt auch dann, wenn wir es zeitweilig nicht glauben können. Die Gewissheit ist im Wort zu verankern, nicht in unserer schwankenden Gläubigkeit.

Will ein Bootsmann mit seinem Schiff vor Anker gehen, wirft er den Anker nicht in die Kajüte. Innen fände sein Boot keinen Halt. Er wirft den Anker aus dem Schiff hinaus, auf festen Grund. Gewissheit im Glauben liegt *außerhalb von uns*. Wir dürfen den Anker unserer Zuversicht nicht in unsere Gefühle versenken. Glaube und Gewissheit müssen im Felsengrund des Wortes Gottes verankert sein.

Ich traf ihn in Südkorea. Der junge Asiat war mir im Gottesdienst im Chor aufgefallen. Er hatte nicht einfach gesungen. Er hatte singend angebetet, seinem Herrn in der Höhe entgegengejubelt. Hier lachte nicht nur ein Gesicht, es lachten Leib, Seele und Geist. Später liefen wir uns über den Weg. Vor einigen Jahren noch sei er Buddhist gewesen, erzählte er in einfachem Englisch. Er sei froh, der „Depression des Buddhismus" entkommen zu sein. Ich fragte ihn: „Was ist für Sie der größte Unterschied zwischen dem Evangelium und dem buddhistischen Glauben?" Es wurde still. Dann lächelte er und sagte: „Christen haben Loblieder."

Die Gemeinde Jesu jubelt: „Das Geschenk, das Gott uns in seiner Gnade macht, ist das ewige Leben in Jesus Christus, unserm Herrn." Sie lebt aus dem Sein, nicht aus dem Sollen. Das ist der Quellgrund ihrer Lieder.

Mein Herze geht in Sprüngen
und kann nicht traurig sein,
ist voller Freud und Singen,
sieht lauter Sonnenschein.
Die Sonne, die mir lachet,
ist mein Herr Jesus Christ;
Das, was mich singen machet,
ist, was im Himmel ist.[18]

„Mein Herze geht in Sprüngen und kann nicht traurig sein ..." ist der *Grundton* des Glaubens. Er gilt
auch trotz gegenteiliger Erfahrung. Der fröhliche Ton
lässt sich stimmungsmäßig nicht durchhalten. Als uns
die Nachricht vom Tod unseres Sohnes Jörg überbracht wurde, waren die Herzen gelähmt. Da war kein
Sonnenschein. Dunkle Wolken hingen über uns. Und
doch, so überschattet alles war, im Herzen haben wir
gewusst, dass wir mit unserem Schmerz in Jesu Händen waren. Später haben wir das Lied neu zu buch-
stabieren gelernt: „In dir ist Freude, in allem Leide ..."

Wir leben aus dem Sein, um dessen Bestehen wir
uns nicht sorgen müssen: „Und doch hebt unsere Untreue seine Treue nicht auf, denn er kann sich selbst
nicht untreu werden" (2. Timotheus 2,13).

---

18 EG. 351,13

Wer jedoch aus dem *Sollen* lebt, trägt eine Last. Er meint, beständig vor irgendwelchen Instanzen bestehen zu müssen. Nie hat der Geplagte genug getan, wie er meint, kann nicht frei atmen. Ein dauerhaft schlechtes Gewissen peinigt wie ein Tyrann.

Ich hörte von einem Bürgermeister. Er hatte den Ruf, ein „Arbeitspferd" zu sein, wäre ständig unterwegs, wolle alle zufriedenstellen. Ein Psychologe erzählte, der Mann habe eine fordernde Mutter gehabt. Sie war längst gestorben. Ihr Sohn aber spüre immer noch ihren strengen Blick. Er wolle ihr nach wie vor alles recht machen. Auf die Zahl der Einwohner verweisend sagte der Psychologe, der Bürgermeister habe nun etwa 3000 Mütter, die ihn jagten und von ihm das Letzte forderten.

Dauerdruck kann zu Schwermut führen. Nicht selten spielt verirrte Religiosität ihre üble Rolle. Da wird als Antreiber kein Geringerer als Gott selbst empfunden, der Leistungen fordert. „Das Herz des Menschen ist eine Götzenfabrik" (Calvin). Für unser heidnisches Denken ist Gott ein Despot. Da verbinden sich mit dem schönsten Namen nicht Frieden und Geborgenheit, sondern Unsicherheit und Angst. Die Angst dürfen wir ausziehen wie einen nassen Mantel.

Liebes-
erklärung

Gute Worte

Die guten Worte der Heiligen Schrift sind Gottes Liebeserklärungen an unsere Adresse. Sie gelten allen Menschen ausnahmslos. Im Folgenden seien einige zusammengestellt und kommentiert.

„Ich habe dich je und je geliebt, darum habe ich dich zu mir gezogen aus lauter Güte" (Jeremia 31,3). „Weil du teuer bist in meinen Augen und herrlich und weil ich dich lieb habe" (Jesaja 43,4).

Das sind Liebesworte an Israel. Dürfen wir sie auch auf uns beziehen? Wäre es nicht dasselbe, als ob jemand einen 3000 Jahre alten Liebesbrief fände und glaubt, der sei an ihn gerichtet?

Etwas anders verhält es sich hier schon. Israel ist das Volk Abrahams, Isaaks und Jakobs. Abraham bekam eine Verheißung: „In dir sollen gesegnet werden alle Völker auf Erden" (1. Mose 12,3). Gott schaut über Abraham hinaus, als er ihn segnet. Sein Blick geht durch die Zeiten zum Heiland der Welt und von ihm herüber zu uns. Im Blick auf Jesus heißt es: „Was immer Gott an Zusagen gemacht hat – in seiner Person finden sie alle ihre Erfüllung. Er ist das Ja" (2. Korinther 1,20).

Durch Christus verwandelt sich der Liebesbrief an Gottes Volk in einen Brief an alle Völker und jeden Menschen. Ich bin vom Ewigen umarmt, wenn ich das lese: „Ich habe dich je und je geliebt."

„Alle haben gesündigt, und in ihrem Leben kommt Gottes Herrlichkeit nicht mehr zum Ausdruck, und dass sie für gerecht erklärt werden, beruht auf seiner Gnade. Es ist sein freies Geschenk aufgrund der Erlösung durch Jesus Christus" (Römer 3,23-24).

Alle haben gesündigt, sind untauglich für die Ewigkeit. Das war die verzweifelte Ausgangslage. Aber dann: *Wir werden, ohne es verdient zu haben, gerecht.* Vor der letzten Instanz gerecht gesprochen zu werden ist im kommenden Gericht der bestmögliche Ausgang. Der Verurteilte fällt unter den Freispruch des Auferstandenen. *Das geschieht aufgrund seiner Gnade, durch die Erlösung, die durch Jesus geschehen ist.*

Alles ist in solchen Bibelworten in die Waagschale geworfen, um unsere Herzen zu erobern. Die Gnade ist nicht mehr aufzuheben, sie *ist* geschehen! Wir können sie nur noch – unmögliche *Möglichkeit* – von uns weisen. Alles hat der Ewige für uns getan, aber eines tut er nicht: Er gibt uns seine Liebe nicht gegen unseren Willen. Über die Menschen seiner Hauptstadt sagt er einmal:

„Jerusalem, Jerusalem, du tötest die Propheten und steinigst die, die Gott zu dir schickt. Wie oft wollte ich deine Kinder sammeln wie eine Henne, die ihre Küken unter ihre Flügel nimmt! Aber ihr habt nicht gewollt" (Matthäus 23,37).

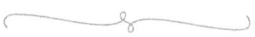

„Wer das Reich Gottes nicht wie ein Kind annimmt, wird nicht hineinkommen" (Markus 10,15).

Gott empfangen wie ein Kind!

Mit dem Hinweis auf die Kinder lockt Jesus die Erwachsenen aus der Reserve, ihn doch anzunehmen. Ein Geschenk kann noch so groß sein, ein Kind wird ohne Zögern zugreifen.

Wer hätte nicht schon beobachtet, wie gierig Kinder Geschenkpakete aufreißen! Zu Weihnachten war Tobias mit seinen Eltern bei uns. Er bekam ein Paket. Wow! Da flogen die Fetzen, Schnüre, Papier, Pappdeckel, bis er zielstrebig zum Kern der Sache vorstieß. Den Eltern war es peinlich.

So sollen wir mit Gott umgehen. Es ist, als wollte Jesus sagen: „Seht ihr nicht? Merkt ihr nichts? Es geht ums Ganze, ums Größte, um das Geschenk aller Geschenke. Da gibt es doch kein Halten! Schaut auf die Kinder!" Das Reich Gottes gilt es zu ergreifen, wie ein

Kind ein Geschenk an sich reißt, begierig, entschlossen, nicht mehr zu halten! Werdet wie die Kinder! (vgl. Matthäus 18,3).

„So gibt es nun keine Verdammung für die, die in Christus Jesus sind" (Römer 8,1; LUT). Hier wird uns Christus „räumlich" dargestellt. Wir können *in* ihm sein, wie ein Mensch im Schutz einer Burg. Das bedeutet zugleich, dass wir kein Verdammungsurteil fürchten müssen.

Ich habe erlebt, wie schwer Menschen sterben, die das Verdammungsurteil fürchten. Sie hatten sich in Schuld verstrickt oder waren tief in die Fesseln esoterischer Mächte geraten. Ich habe aber auch gesehen, welch ein Glanz über einem Sterbenden liegt, der weiß, dass die Schuld vergeben ist. Wo keine Schuld mehr ist, kann es keine Verdammnis geben. Darum jubelt Paulus: *Keine Verdammung!* Auch er war seine Schuld losgeworden.

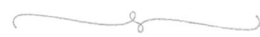

„Durch Gottes Gnade seid ihr gerettet, und zwar aufgrund des Glaubens. Ihr verdankt eure Rettung also nicht euch selbst; nein, sie ist Gottes Geschenk" (Epheser 2,8).

„Ihr *seid* gerettet!" Die Rettung gilt. Noch leben wir nicht in der Vollendung, aber der Vollender lebt in uns.

„Ja", sagen welche, „ihr seid gerettet *aufgrund des Glaubens*. Wer aber kann sich seines Glaubens sicher sein? Die Gnade ist unumstößlich, aber der Glaube nicht."

Hier liegt der Irrtum vor, als handele es sich beim Glauben um ein Werk des Menschen. Dass wir glauben, haben nicht *wir* gemacht. „Das ist Gottes Werk, dass ihr an den glaubt, den er gesandt hat" (Johannes 6,29; LUT).

Luther greift diesen Gedanken im Kleinen Katechismus auf: „Ich glaube, dass ich nicht aus eigener Vernunft noch Kraft an Jesus Christus, meinen Herrn, glauben oder zu ihm kommen kann; sondern der Heilige Geist hat mich durch das Evangelium berufen."

Was die Gnade und den Glauben betrifft, ist Gott der Handelnde. Er ruft zum Glauben, schenkt und erhält ihn. Darum gilt das „Ihr seid gerettet" für alle Ewigkeit. „Durch Gottes Gnade *seid* ihr gerettet, und zwar aufgrund des Glaubens."

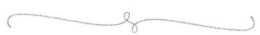

„Nachdem wir nun aufgrund des Glaubens für gerecht erklärt worden sind, haben wir Frieden mit Gott durch Jesus Christus, unseren Herrn" (Römer 5,1). Was uns betrifft, sind wir Habenichtse – wir haben nichts, was wir zum Gottesfrieden beisteuern könnten. Durch den Glauben aber „haben wir Frieden mit Gott"! Vorher waren wir, was uns betrifft, seine *Feinde*. Gott und Mensch, das war kein Miteinander, sondern ein Gegeneinander. Da war alles, was wir taten, vergeblich.

Wir standen morgens auf, aber jeder neue Tag war ein verlorener Tag. Für einen Menschen ohne Frieden mit Gott wäre es besser, er hätte nie gelebt.

Nun aber ist der Albtraum vergessen. Sind wir gerecht geworden durch den Glauben, *haben* wir Frieden mit Gott. Jeder Tag ist ein gewonnener Tag. Es mag uns schwer ergehen, doch Gott ist inmitten allem Schweren. Jeder Atemzug steht unter der Gnade.

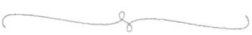

„Denn *ich bin gewiss*, dass weder Tod noch Leben, weder Engel noch Mächte noch Gewalten, weder Gegenwärtiges noch Zukünftiges, weder Hohes noch Tiefes noch irgendeine andere Kreatur uns scheiden kann von der Liebe Gottes, die in Christus Jesus ist, unserm Herrn" (Römer 8,38f; LUT).

Nichts kann uns scheiden von Gottes Liebe. „Ich bin gewiss!"

Diese Liebe ist stärker als alle Mächte, die uns von Gott trennen möchten: „Ich gebe ihnen das ewige Leben. Sie werden niemals verloren gehen, und niemand wird sie aus meiner Hand reißen. Mein Vater, der sie mir gegeben hat, ist größer als alles; niemand kann sie aus der Hand des Vaters reißen" (Johannes 10,28-29).

Vielleicht halten Sie inne und sagen Ihrem Schöpfer leise oder laut: „Ich danke dir, dass mich nichts von deiner Liebe scheiden kann!"

Ist es nicht Hochmut zu behaupten: „Ich habe ewiges Leben?" Kann man das wissen?

Würden wir meinen, wir hätten es uns *verdient*, wäre es Hochmut. Wenn wir aber darauf vertrauen, dass es uns *geschenkt* wurde, nehmen wir Gott beim Wort.

Diese Aussage „bedeutet, dass Gott uns das ewige Leben gegeben hat; denn dieses Leben bekommen wir durch seinen Sohn. Wer mit dem Sohn verbunden ist, hat das Leben. Wer nicht mit ihm, dem Sohn Gottes, verbunden ist, hat das Leben nicht. Ich habe euch diese Dinge geschrieben, *um euch in der Gewissheit zu bestärken*, dass ihr das ewige Leben habt" (1. Johannes 5,11-13).

Wir dürfen es nicht nur wissen, wir *müssen* es wissen! Ich möchte dem Wort mehr glauben als meinen Zweifeln. „Wer Gott keinen Glauben schenkt, macht ihn damit zum Lügner" (Vers 10).

Neu geboren

Die Vergewisserung des ewigen Lebens wird uns durch Gottes Wort und im Vertrauen zu ihm zuteil.

Wie aber können Ungläubige gläubig werden?

Das Geheimnis lässt sich nicht ergründen. Aufgrund biblischer Hinweise können wir einige Spuren jedoch nachzeichnen. Gott und Mensch sind darin auf verschiedene Weise verwickelt.

Zu einem Mann namens Nikodemus sagt Jesus:

„Wenn jemand nicht von neuem geboren wird,

kann er das Reich Gottes nicht sehen. [...] Wenn jemand nicht aus Wasser und Geist geboren wird, kann er nicht in das Reich Gottes hineinkommen" (Johannes 3,3.5).

Glaube wird als neue Geburt beschrieben, die vom Allerhöchsten her geschieht. Das heißt: *Der Glaube an Christus hat keine Wurzel im Menschen.*

Wir werden gerufen, liebevoll umworben und innig gebeten. Gezwungen werden wir nicht. Der Himmel übt keinen Druck aus. Es hätte auch keinen Sinn. Was nicht in uns liegt, kann aus uns nicht herausgepresst werden. Glauben können wir nicht von uns aus. Kann sich niemand in das vergängliche Leben hineingebären, so kann er es erst recht nicht in das ewige. Das Leben widerfährt uns.

Anders ist es mit unserer Religiosität. Die ist uns von Natur so sehr einverleibt, dass gesagt werden konnte, der Mensch sei „unheilbar" religiös.

Religiosität heißt, der Mensch verspürt zu Recht einen Mangel. Er braucht Erlösung, unterschätzt aber, was es heißt, verloren zu sein, weiß nichts über das Ausmaß seiner Hilfsbedürftigkeit. Darum glaubt er, er könne die Erlösung – auf religiösem Weg – selbst bewerkstelligen. Er meint, dass er sich durch heilige Handlungen oder durch gute Werke der Gottheit genehm machen kann.

Ich kann durch eigene Entscheidung Buddhist werden oder Muslim. Niemand kann jedoch glaubender Christ werden, wie man Muslim oder etwas anderes werden kann.

Glaube ist ein schöpferischer Akt. Er wird an uns vollzogen. Zum Glauben kommt es durch eine von Gott ausgehende Geburt „von oben". Wir *empfangen*, was da geschieht. Haben wir das irdische Leben nur empfangen, um wie viel mehr können wir auch das ewige Leben nur empfangen.

Durch Empfangen vollzieht sich das Zum-Glauben-Kommen. Geschieht das Entscheidende auch rein passiv, so sind wir beim Empfangen des Geheimnisses dennoch nicht aus-, sondern eingeschaltet. Gott zwingt uns nicht. Ohne unser Einverständnis geschehen Empfängnis und die Geburt von oben nicht. Glaube ist von Gott gewirkt, und dennoch ist er ein Akt der Freiheit, zu dem es ohne unsere Einwilligung nicht kommt.

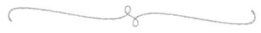

Geburt von oben geschieht durch „Wasser und Geist". Wasser steht für Reinigung und meint die Vergebung. Wir werden durch Vergebung wiedergeboren.

Das alles widerfährt dem Glaubenden nicht aus sich selbst:

„Ein hörendes Ohr und ein sehendes Auge, die macht beide der HERR" (Sprüche 20,12).

Auf Gottes Seite heißt das Geheimnis des Glaubens *Geburt von oben*. Die entscheidende Rolle spielt dabei das Wort:

„Wie wir gesehen haben, setzt der Glaube das Hören der Botschaft von Christus voraus" (Römer 10,17).

Es muss zum Hören auf das Evangelium kommen, wobei das Lesen auch eine Weise des Hörens ist.

Das Gotteswort ist das Samenkorn, das in den Acker des Herzens fällt. Ohne das Korn bringt der Acker nichts hervor, keinen Halm, keine Ähre. Wie das Korn in der Erde ruht, ehe es zu neuem Leben erwacht, so ist es auch mit dem ewigen Wort. Es muss in die Herzen.

Das Wort ruft einen Menschen zum Glauben. Doch dabei bleibt es nicht, denn das wäre so, als ob jemand seine Körner auf einen steinharten Boden würfe. Dem Wort kommt der Schöpfergeist zu Hilfe. Er ist Regen, Luft und Frühlingssturm. Das muss hinzukommen, wenn das Korn keimen und wachsen soll.

Der Geist ist es, der das Wort ausbrütet in den Herzen der Menschen. So entsteht – wir wissen nicht wie – Glaube.

Lydia, die Purpurhändlerin, hört das Evangelium: „Während sie uns zuhörte, öffnete ihr der Herr das Herz, sodass sie das, was Paulus sagte, bereitwillig aufnahm" (Apostelgeschichte 16,13-15). Der Herr ist es, der das Herz auftut. Dadurch kommt es zu einem neuen Hören. Was vorher unbeteiligt ließ, berührt nun tief. Lydia reagiert, indem sie „das, was Paulus sagte, bereitwillig aufnahm". Sie geht auf Gottes Wirken ein und lässt so dessen Wirkung zu. Sie bittet die Männer, die ihr das Wort brachten, zu bleiben. Sie will mehr hören. Gottes Wort und

Heiliger Geist haben den Glauben gewirkt. Sie hat ihn ergriffen. Da konnte sie sagen: „*Ich* glaube."

Dennoch ist Glaube nicht eine Überzeugung, die *wir* besitzen, sondern eine Überzeugung, die *uns* besitzt.

Umkehr

Ist Glaube von Gott her gesehen die *Geburt von oben*, dann ist er, was den Menschen betrifft, Umkehr: „Kehrt um! Denn das Himmelreich ist nahe" (Matthäus 4,17).

Metanoia, das griechische Wort für Umkehr, ist im Blick auf das Bestehende Umsturz! Alte Fundamente zerbrechen. Im Denken setzt es an, ergreift den ganzen Menschen, gibt seinem Leben eine neue Richtung, verändert sein Denken, sein Wollen und Tun. Er gewinnt ein neues Sein.

Gott wirkt die Verwandlung des natürlichen in einen geistlichen Menschen. *Umkehr* ist das *Ergreifen* dessen, was Gott wirkt.

Glauben gibt es nicht ohne Umkehr. Ohne Umkehr wird niemand das Gottesreich sehen. „Wer an den Sohn glaubt, hat das ewige Leben. Wer dem Sohn nicht gehorcht, wird das Leben nicht sehen; der Zorn Gottes bleibt auf ihm" (Joh 3,36).

Kopf und Herz

Glaube ist nicht einfach Glaube.

Entscheidend ist, *was* wir glauben.

Glaube ist, was die Inhalte betrifft, *Erkenntnis*. Da kann ich nachdenken, kann lernen. Da geht es nicht um inneres Erleben, sondern um klare Gedanken.

Durch die Erkenntnis des Wortes aber wirkt der Geist *Vertrauen*. Das äußere Wort hat im Inneren ein Echo: Ich werde mir gewiss, dass ich mich auf die Zusage des Ewigen verlassen kann. Glaube ist also gleichzeitig etwas für *Kopf* und *Herz*. Beide, die *gewisse Erkenntnis* und das *herzliche Vertrauen*, die zusammen den Glauben ausmachen, sind Gottes Werk.

Mit dem Kopf zu erkennen und mit dem Herzen zu vertrauen – das ist es! Manchmal ist es „Liebe auf den ersten Blick". Da hört jemand das erste Mal in seinem Leben das Evangelium, und schon ist er oder sie entbrannt. Im anderen Fall braucht jemand Zeit, sich dem Wirken von Wort und Geist vertrauensvoll zu öffnen. Da sind vielleicht Verletzungen wirksam, die durch religiöse Leute oder Institutionen verursacht wurden, die nun als Hindernisse dem Glauben entgegenstehen. Da dauert es, bis Zutrauen aufkeimt und blüht.

Ich denke an die Katze von Familie Kerekesch.

Unser Jüngster war sieben Jahre alt. Wir waren mehrere Tage bei Freunden in Kanada. Herr und Frau Kerekesch besaßen eine Katze, die vor Kindern davonlief. Das hatte einen traurigen Hintergrund. Kinder hatten das Tier oft gequält. Als wir nun mit unserem Kind aufkreuzten, machte sich das arme Geschöpf gleich davon. Klaus-André verschwand ebenfalls. Wo trieb er sich nur herum? Nach langer Zeit kam er ins Wohnzimmer. Die Katze folgte ihm auf dem Fuß, um sich dann vertrauensvoll an ihn zu schmiegen.

Erstaunt riefen unsere Freunde: „Wie hast du das geschafft?"

„Ach", sagte unser Sohn, „ich habe sie einfach lieb gehabt."

Mit einer scheuen Katze muss man freundlich reden. Durch den liebevollen Zuspruch des Jungen war das ängstliche Wesen zur Erkenntnis gelangt, dass es einer gut mit ihr meinte. Dadurch fand sie zum Vertrauen. Angstfrei schmiegte sie sich bei ihm an.

Wie ein Heiratsantrag

Im Buch der Bücher stehen die Worte *Ewigkeit* und *Freude* oft eng zusammen. Bilder, die Freude ausdrücken, werden für die Ewigkeit verwendet, mehrfach das Bild von der Hochzeit.

Ein Mann verliebt sich in eine Frau. Mit dem Äußerlichen beginnt es – einander sehen und hören. Was äußerlich beginnt, setzt sich inwendig fort. Er zeigt durch Blicke und Gebärden, dass er sie mag. Erste Worte der Zuneigung werden gesprochen. Er wirbt um sie. Sie wird ebenfalls von der Liebe ergriffen. Sie lernen sich kennen, indem sie miteinander reden, aufeinander hören. Vertrauen wächst. Sie verraten einander ihre Gefühle, tauschen Zärtlichkeiten aus. Liebesgeflüster liegt in der Luft.

Ein junger Mann erzählte mir, er habe seiner Auserwählten im klassischen Sinne einen Heiratsantrag gemacht. Das wäre ihm wichtig gewesen. Sie hat „Ja!" gesagt. Irgendwann sind sie dann zum Standesamt gegangen und haben den Ehebund fest gemacht. Da wurde das schon tausendmal gegenseitig gesprochene „Ja" noch einmal wiederholt und amtlich bestätigt.

Indem Sie das hier lesen, macht Ihnen Gott einen Heiratsantrag. Er möchte Ihr Eigen sein, möchte sich mit Ihnen auf ewig verbinden. Bevor Sie geboren waren, hat er Sie schon geliebt. Liebevoll hat er ständig nach Ihnen geschaut, sehnt sich nach Ihnen. Er erzählt in seinem Buch viele Liebesgeschichten, damit wir sie erkennen als Geschichten zwischen ihm und uns.

Ein Heiratsantrag kann angenommen oder abgelehnt werden. Irgendwann steht der oder die Umworbene vor der Entscheidung, Ja oder Nein zu sagen.

Die „Geschenke"

Wer den Antrag annimmt, wird reich beschenkt. Gott gibt sich selbst und damit das ewige Leben. Ewiges Leben beginnt nicht erst, wenn wir gestorben sind, sondern wenn wir uns auf seinen Ruf zur Umkehr einlassen. Gleich *am Anfang* schenkt er die Ewigkeit.

In den Vorstellungen der Religionen steht das Erlangen des Heils *am Ende* eines Lebensweges. Es ist kein Geschenk, sondern muss mühselig erworben werden. Gewissheit ist den Religionen fremd.

Wer an mich glaubt, sagt Jesus, *der hat das ewige Leben.*

Das ewige Leben ist sein Hochzeitsgeschenk. Unser „Hochzeitsgeschenk" ist ein Leben voller Schuld. Über dieses „Geschenk" aber freut er sich mehr als über alles, was wir ihm sonst noch geben könnten.

Einmal kam mein kleiner Sohn zu mir. Er war bedrückt.

„Vati, ich muss dir was sagen."

„Was denn?"

Er drückste herum, hatte etwas ausgefressen.

Gewöhnlich kam er gern, wenn er etwas Tolles geschafft hatte, eine sportliche Leistung in der Schule oder eine Eins in Deutsch. Ich habe mich dann auch tüchtig gefreut. Diesmal aber hatte er etwas Schlimmes getan. Als er es stammelnd herausbrachte, ist mir etwas Seltsames widerfahren: Ich habe mich inniger über ihn gefreut als bei allen Berichten über tolle Leistungen.

Dass er mir sein beladenes Herz ausschüttete, war wie ein Geschenk für mich und hat mich froh gemacht!

So ergeht es dem himmlischen Vater, wenn ein Mensch zu Jesus kommt und ihm sein schuldbeladenes Leben gibt: „Genauso wird im Himmel mehr Freude sein über einen einzigen Sünder, der umkehrt, als über neunundneunzig Gerechte, die es nicht nötig haben umzukehren" (Lukas 15,7).

Ein kleines „Ja!"

Wie kommt der ewige Bund nun praktisch zustande?

Gottes großes „Ja!" sucht unser kleines „Ja!" Wir können Jesus aufnehmen, indem wir „Danke!" sagen.

Wer dankt, bestätigt den Empfang.

Mit dem Dank für Jesu Tat auf Golgatha haben wir den entscheidenden Schritt ins Leben getan. Nun leben wir im Glauben, sind sein Eigentum. Entscheidend ist der erste Schritt, der Folgeschritte ermöglicht, Nachfolgeschritte.

Dietrich Bonhoeffer sagte es so:

Nachfolgen heißt, bestimmte Schritte tun. Bereits der erste Schritt, der auf den Ruf hin erfolgt, trennt den Nachfolgenden von seiner bisherigen Existenz. So schafft sich der Ruf in die Nachfolge sofort eine neue Situation [...] Mit dem ersten Schritt ist der Nachfolgende in die Situation gestellt, glauben zu können [...] Der Weg zum Glauben geht durch den Gehorsam gegenüber dem Ruf Christi. Der Schritt wird gefordert, sonst geht der Ruf ins Leere, und alle vermeintliche Nachfolge ohne diesen Schritt, zu dem Jesus ruft, wird zur unwahren Schwärmerei [...] Es muss ein erster Schritt des Gehorsams gegangen werden, damit Glaube nicht frommer Selbstbetrug, billige Gnade werde. Es liegt an dem ersten

Schritt. Er ist von allen folgenden qualitativ unterschieden.[19]

Vielleicht ist das alte Leben mit besonderer Schuld belastet. Da gilt der alte seelsorgliche Rat: Legen Sie Gott gegenüber eine *Lebensbeichte* ab! Gehen Sie evtl. zu einem seelsorglichen Menschen. Bringen Sie das Belastende ans Licht! Dann bitten Sie Jesus um Vergebung und danken ihm dafür. Bitten Sie Jesus, in Ihr Leben zu kommen. Er hat zugesagt, dass er es tut.

Den Rat, eine Lebensbeichte abzulegen, gebe ich denen, die wissen, dass konkrete, benennbare Schuld auf ihnen lastet, die sie bedrückt. Dabei denke ich besonders an okkulte Belastungen, Diebstahl, andere Veruntreuungen, sexuelle Verfehlungen (Ehebruch, Inzest, Sodomie).

Wenn ich das Dunkle auf diese Weise ans Licht bringe, hat es in Zukunft keine Macht mehr über mich, auch nicht in Gedanken. Ich erlebe meine Befreiung eindeutiger, kann mich der Gewissheit des ewigen Lebens tiefer freuen. Das braucht meine Seele.

Ich denke auch an den Psalm 32. Hier hat David eine für uns alle wichtige Erfahrung gemacht:

Wohl dem, dem die Übertretungen vergeben sind, dem die Sünde bedeckt ist! Wohl dem Menschen, dem der HERR die Schuld nicht zurechnet, in dessen Geist kein Falsch ist!

---

19 Bonhoeffer, Nachfolge, S. 33ff

Denn da ich es wollte verschweigen, ver-
schmachteten meine Gebeine durch mein tägliches
Klagen. Denn deine Hand lag Tag und Nacht
schwer auf mir, dass mein Saft vertrocknete, wie
es im Sommer dürre wird. Darum bekannte ich
dir meine Sünde, und meine Schuld verhehlte ich
nicht. Ich sprach: Ich will dem HERRN meine
Übertretungen bekennen. Da vergabst du mir die
Schuld meiner Sünde.

Das Wort macht deutlich, dass wir Jesus aufnehmen
können wie jemanden, der an unsere Türe klopft und
um Einlass bittet: „Er kam zu seinem Volk, aber sein
Volk wollte nichts von ihm wissen. All denen jedoch, die
ihn *aufnahmen* und an seinen Namen glaubten, gab er
das Recht, Gottes Kinder zu werden" (Johannes 1,12).

In einer Kirchenpostille von 1522 sagt Martin
Luther: „Das Hauptstück und der Grund des Evangeliums ist, *dass du Christus aufnimmst* und erkennst
als eine Gabe und ein Geschenk, das dir von Gott gegeben und dein eigen ist."

Wie kann das Aufnehmen praktisch vonstatten
gehen?

Wenn Gott Ihnen das Herz aufgetan hat, sagen
Sie: „Danke!" Man kann es ihm auch in einem *Gebet
der Lebenshingabe* sagen, zum Beispiel mit folgenden
Worten:

Herr Jesus Christus,
du hast dich für mich kreuzigen lassen,

um mir alle Schuld zu nehmen!
Dafür danke ich dir!
Komm in mein Leben hinein!
Ich komme zu dir und gebe mich dir.
Danke, dass ich nun zu dir gehöre
und zu deiner Gemeinde aus allen Völkern.
Stärke meinen Glauben;
gib mir ein gehorsames Herz;
lass mich leben zu deiner Ehre!
Danke, lieber Herr! Amen.

Noch einmal: Die Freude ist groß

Jesus hat alles für uns getan. Wir brauchten nur zu kommen:

„Wer zu mir kommt, den werde ich nicht hinausweisen" (Johannes 6,37).

Der Herr fragt nicht, wenn einer zu Ihm kommt, wer es sei, der da komme, ehe Er ihn aufnimmt. Das Kommen allein ist Ihm genug. Er sagt nicht etwa: ‚Wer ist doch der da? Der könnte wegbleiben.' Ihm klopft vielmehr das Herz vor Freude, wenn er nur kommt, und je verkommener und elender einer ist, der kommt, desto mehr bricht Ihm das Herz, desto größer ist seine Freude. Ans Hinausstoßen denkt Er nicht, kann Er nicht denken. ‚Wer zu Mir kommt', sagt der Herr, und setzt nichts weiteres dazu. Da sehen wir, dass schon das bloße Kommen Ihm genug ist [...] Wer kommt, ist ihm wert.[20]

Nehmen Sie es tief ins Herz: *Sie sind Gottes Eigentum, das er sich nicht mehr nehmen lässt!* Verleihen Sie der Freude Ausdruck! Singen Sie, laut oder leise, flüstern Sie: „Danke, Herr!" Jubeln Sie still in sich hinein oder laut aus sich heraus. Ich bin seinerzeit vor Freude durch einen nahegelegenen Wald gerannt. Es hielt mich nicht mehr im Haus.

---

20 Christoph Blumhardt, S. 122f.

Wirkungen

Beziehungen pflegen

Niemand kann das Glück ermessen, eine persönliche Beziehung zu Gott zu haben. Ihm zu gehören gibt Geborgenheit in einer vergehenden Welt. Wir sind zur Vollendung unterwegs.

Grundlegende Veränderung hat begonnen. Die Gemeinschaft mit dem Auferstandenen verändert *jetzt*. Es gibt Zeichen seiner Gegenwart. Wir bleiben nicht, wie wir sind: „Blinde sehen, Lahme gehen, Aussätzige werden geheilt, Taube hören, Tote werden auferweckt, und den Armen wird Gottes gute Botschaft verkündet" (Matthäus 11,5).

In der Nachfolge Jesu wird geistliche Blindheit mehr und mehr geheilt. Die Lähmungen unseres trägen Herzens nimmt er fort. Wir lernen, auf Gott zu hören, sind für seine Wahrheit offen. Das Hören reinigt, wie der Aussätzige rein wurde durch Jesu Wort. Der Glaube an den Auferstandenen kann nur ein lebendiger Glaube sein.

Während ich schreibe, ist mir bewusst: Ich schreibe auch für mich, kann ich doch selber nur ahnen, was es heißt, mit dem, der den Kosmos in Händen hält, persönlich verbunden zu sein. Ich will besser lernen, meine Sorgen und Ängste ihm zu überlassen, mich an ihn hinzugeben wie ein Kind an den Vater. Ich will nicht länger blind sein für seine Wunder, nicht mehr schwerfällig und lahm an Seele und Geist. Ich will rein werden vom verkehrten Denken, Reden und Tun. Ich klage ihm meine Taubheit im Blick auf sein Evangelium, die noch nicht geheilt ist. Ich will das rechte Hören lernen. Ich will mit dem Auferstandenen leben, damit mein Glaube kein ängstlicher Kleinglaube, sondern mutiger Auferstehungsglaube ist. Ich habe es nötig, dass seine Verheißung auch an mir wahr wird:

„Armen wird Gottes gute Botschaft verkündet."

Der Schweizer Theologe Rudolf Bohren sieht es so:

Im Reifeprozess sammelt sich beim Emmentaler Käse ein wenig Salzwasser in seinen Löchern – und so schmeckt der Käse besonders gut. Dem Menschen geht es wie dem Käse. Im Reifeprozess seines Lebens bekommen wohl alle irgendwelche Löcher in der Seele, in denen sich Bitteres sammelt. Gerade deswegen liebt ihn Gott, und es ist ein Irrtum, zu meinen, eine christliche Seele müsse einem Pudding gleichen und durch und durch süß sein. Jesu Jünger sind nicht der Zucker aller Welt, sondern das Salz der Erde. Wie sollte ich da all das Bittere, das sich in mir angesammelt hat, nicht dem überlassen, der alles neu macht.[21]

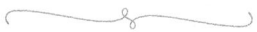

Glaube versteht sich nicht von selbst, auch das *Glaubensleben* nicht. Es stellt uns in eine *Beziehung*. Die muss gepflegt werden:

„Ihr habt der Botschaft, die euch verkündet wurde, Glauben geschenkt und habt euch Jesus Christus als dem Herrn unterstellt. Darum richtet nun euer ganzes Verhalten an ihm aus!" (Kolosser 2,6). Es ist wie in der Ehe. Die Beziehung ist von Liebe und Wertschätzung bestimmt. Das Zusammensein ist ein Hin und Her von Zärtlichkeiten, liebevollen Worten, Lob, und Zuwendung.

Anfangs ist Glaube oft eine lodernde Flamme: Wir sind verliebt. Die erste Liebe aber ist gefährdet. Einer Gemeinde sagt Jesus einmal: „Doch einen Vorwurf muss ich dir machen: Du liebst mich nicht mehr so wie am Anfang" (Offenbarung 2,4).

In der Zeit der ersten Liebe kommt der Bund zustande, die Bindung an die geliebte Person, die „Eheschließung". Die Christen haben den Bund mit Jesus seit jeher in der Taufe besiegelt gesehen. Sie ist ihr

21 Bohren, *Zisterne*, S. 131

Bundeszeichen, ihr „Ehering". Das Zeichen hat nur einen Sinn, wenn die Liebe Gottes in uns ihren Widerhall gefunden hat. Ein Bund beruht auf Gegenseitigkeit, mögen die Partner auch noch so ungleich sein. Was unser Verhältnis zu ihm angeht, mag Gott keine Einbahnstraße: „Du sollst Gott lieben von ganzem Herzen." Nach der Bindung wird sich die Liebe im Alltag bewähren. Aus der Flamme der ersten Liebe wird die tiefe Glut.

Feuer braucht Nahrung. Beziehung braucht Pflege.

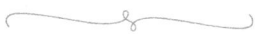

„Wir sind Gottes Kinder" (1. Johannes 3,2), sagt die Schrift. Das ist das Versprechen der immerwährenden Gottesnähe. Wir aber vergessen allzu schnell, was wir sind und was wir haben. Das Große versinkt leicht in den Kleinigkeiten des Alltags. Da tut Vergewisserung gut.

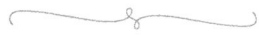

Unser Jüngster hatte sein Zimmer gegenüber der Küche. Dazwischen lag ein breiter Flur. Er versank täglich in seine Welt des Spiels. Zwischendurch aber, etwa alle halbe Stunde, rief er laut zur Küche herüber: „Mutti!"

„Jaha!"

„Wollte nur wissen, ob du noch da bist!"

„Ich bin daha!"

„Is guhuut!"

Kinder brauchen Vergewisserung! Wenn uns der Kleinkram des Alltags mürbe macht, genügt manchmal ein Seufzer in Richtung des himmlischen Vaters, ein Stoßgebet. Dann gewinnt man neuen Mut und wird mitten im Chaos wieder lächeln.

Christen brauchen einander. Sie helfen sich darin, die Beziehung zu Christus zu festigen, zu vertiefen. Was den Kampf für Gottes Sache betrifft, sollen wir keine Einzelkämpfer sein. Darum und dazu gibt es *Gemeinde*. Ohne Gemeinde ist Glaube seines geschichtlichen Wurzelbodens beraubt. In ihr bin ich mit anderen vor die große Aufgabe gestellt, für die Welt ein Segen zu sein. Wir hängen aneinander, gehören zusammen in der großen Gottesfamilie. Wir müssen in einer Gemeinde vor Ort eingebettet sein und mit ihr in der weltweiten Kirche, die durch die Pforten der Hölle nicht überwunden werden kann.

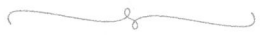

Christen suchen Stille, um Gottes Stimme zu vernehmen. Sie leben mit der Heiligen Schrift. Die

Liebe zum Wort Gottes begegnet uns in geradezu begeisterter Weise bereits im Alten Testament: „Ich will Gottes Wort rühmen; auf Gott will ich hoffen und mich nicht fürchten. Was können mir Menschen tun?" (Psalm 56,5).

David, der das betet, hat mit dem Wort Gottes Großes erlebt. Der Beter des 119. Psalms ist in die Worte und Weisungen Gottes verliebt. Immer neues Lob kommt ihm über die Lippen. Jeremia jubelt in schwerer Zeit: „Dein Wort ist meines Herzens Freude und Trost" (Jeremia 16,15).

Jesus schöpfte Kraft aus den Psalmen und den Worten der Propheten. So konnte er dem Versucher widerstehen: „Der Mensch lebt nicht nur vom Brot, sondern von jedem Wort, das aus Gottes Mund kommt" (Matthäus 4,4). Paulus sagt: „Lasst die Botschaft von Christus bei euch ihren ganzen Reichtum entfalten. Unterrichtet einander in der Lehre Christi und zeigt einander den rechten Weg; tut es mit der ganzen Weisheit, die Gott euch gegeben hat. Singt Psalmen, Lobgesänge und von Gottes Geist eingegebene Lieder; singt sie dankbar und aus tiefstem Herzen zur Ehre Gottes" (Kolosser 3,16).

Die Kostbarkeit des persönlichen Bibellesens gilt es zu entdecken!

Das Zusammensein von Christen in einem bibellesenden Hauskreis verbunden mit der Übernahme eines Dienstes wird zu einer wichtigen Erfahrung. Es ist erstaunlich, wie Männer, Frauen oder Jugendliche durch das regelmäßige Lesen der Bibel gepaart mit einer relevanten Aufgabe in der Gemeinde in ihrer Persönlichkeit reifen.[22]

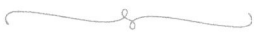

Dass wir beten können, gehört zu unserer Menschenwürde. Familiengemeinschaft mit dem Höchsten zu haben, mit ihm nicht nur auf Rufweite, sondern in Flüsternähe zu sein – was gibt es Größeres? „Gebet ist *unsere* demütige Antwort auf die überwältigende Erfahrung des Lebens."[23]

Wir müssen nicht viele Worte machen, sollen nicht plappern wie die Heiden. Beten ist eher ein Hören als ein Reden. Hören setzt qualifiziertes Schweigen voraus. Stille ist nötig. Die müssen wir uns erkämpfen. Im Gebet geht es vornehmlich nicht um Gaben, die wir erbitten, sondern um Gemeinschaft mit dem Geber.

Gottes Wort legt uns Gebete in den Mund. Die *Psalmen* sind das Gebetsbuch des Alten Bundes. Das *Vaterunser* ist nicht nur ein Gebetsformular. Es ist ein Fingerzeig auf die Inhalte eines von Gott her denkenden Betens. Bekanntlich drehen sich unsere Gebete vorwiegend um uns selbst. Sie sind *menschenzentriert.*

---

22 Wenn der Hauskreis sich allerdings nur um sich selbst dreht und nicht nach außen wirkt, verliert er bald an Lebenskraft. Vgl. Klaus Eickhoff, „Brief an einen Hauskreis".

23 Heschel, S. 2

Das Vaterunser aber ist *gottzentriert*. Da geht es um *seinen* Namen, um *sein* Reich, um *seinen* Willen. Unsere Belange kommen dabei nicht zu kurz, im Gegenteil.

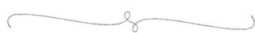

Christen sind bereit zum *Dienst*. Damit das schöne Evangelium allen Menschen zu Ohren kommt, sagen sie weiter, was ihnen Jesus bedeutet. Verantwortliche Christen sind Botschafter der Liebe – in Wort und Tat. Als „geistliche Bürgerrechtsbewegung" setzt sich die Gemeinde für das Recht aller Menschen zum Glauben an Jesus Christus ein. Christen geben die Welt nicht verloren. Darum sind sie sendungsbewusst, den Menschen zugute. Im Weitersagen des Evangeliums werden und bleiben sie im geistlichen Sinne sprachfähig. Im Handeln der Gerechten bekommt Gottes Liebe Gestalt.

Sich selbst annehmen

Allein kann niemand leben. Ich brauche ein Du, sonst kann ich nicht sein. Wir sind auf Gemeinschaft angelegt. Aufeinander angewiesen und angelegt verhelfen wir uns gegenseitig zur Entfaltung. In dem Maß, wie sich ein Mensch anderen zuwendet, gewinnt er an Menschlichkeit.

Wer jedoch *nur* an andere denkt und nicht auch an sich selbst, wird ungenießbar. Die Eltern von C. G. Jung waren Pfarrersleute. Ihr Sohn soll über sie geschrieben haben: „Meine Eltern taten viel Gutes. Darum hatten sie ständig schlechte Laune." Sie haben offensichtlich in falsch verstandener Nächstenliebe nie an sich gedacht.

Wer es lernt, die guten Gaben des Schöpfers zu genießen, wird selbst genießbar – für Menschen und auch für Gott.

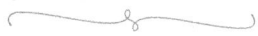

Die Schwierigkeit, andere anzunehmen, liegt oft an der Unfähigkeit, sich selbst anzunehmen. Wer sich angenommen hat, kann sich auch loslassen, kann selbstlos werden. Habe ich mich aber noch nicht gefunden, muss ich mich ständig suchen. Ich werde selbstsüchtig.

Gesunde Selbstliebe wird im Buch der Bücher nicht diffamiert: „Du sollst den Herrn, deinen Gott, lieben von ganzem Herzen, mit ganzer Hingabe und mit deinem ganzen Verstand! [...] Liebe deine Mitmenschen wie dich selbst!" (Matthäus 22,37ff).

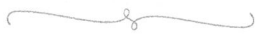

Gottes Liebe zu uns ist die Voraussetzung zur Nächstenliebe und zur Selbstannahme. Unser Geheimnis besteht darin, uns von Gott lieben zu lassen. Wir können Liebe nur geben, wenn wir sie zuvor empfangen haben.

Einmal kam unsere Kerstin im Winter mit blaugefrorenen Händen und Näschen nach Hause. Ich empfing sie an der Haustür. Sie legte ihre Hände in meine und rief: „Vati, was hast du warme Hände!" Ich konnte sie erwärmen, weil ich aus der Wärme kam.

Weil der Ewige uns bejaht, können wir „Ja" zu uns sagen: „Ich danke dir dafür, dass ich so wunderbar erschaffen bin" (Psalm 139,14).

Das versetzt uns in die Lage, auch die Mitmenschen zu bejahen. Weil Gott uns annimmt, dürfen wir uns selbst annehmen. Weil er uns liebt, dürfen wir uns selbst lieben. Wir sind frei von Selbstsucht, weil wir uns in IHM gefunden haben. Weil Christus mich ernst nimmt, muss ich mich selbst nicht mehr so wichtig nehmen.

Mit Irritationen rechnen

Glaube ist Angriffen ausgesetzt.

Gott ist unsichtbar. Darum machen wir uns, entgegen dem Bilderverbot, gern ein Bild von ihm und müssen erleben, dass der Höchste unseren Vorstellungen nicht entspricht. Ein harter Schicksalsschlag, und das Bild ist zerstört.

Ich denke an den Familienvater, der von seiner Tochter erzählte. Er und seine Frau hatten sich nach einem Kind gesehnt. Dann endlich wurde es ihnen geschenkt. Sie sahen die Handschrift des Höchsten in ihrem persönlichen Leben. Die Gedanken gingen nach vorn. Was würde wohl Großes im Leben dieses Mädchens geschehen? Dann, als es sieben Jahre alt war, wurde es krank und starb. Was war nun mit der wunderbaren Führung? „Was wir erlebten", sagte der Vater, „stand total im Widerspruch zu dem, was wir bis dahin glaubten. Wir mussten unter Schmerzen lernen, dass Gott kein Glücksbringer ist, auch kein Glückserhalter, kein Talisman. Wir dachten, Glaubenserfahrung zu besitzen, und wurden auf den Nullpunkt zurückgeworfen."

Gott ist kein Garant für ein glückliches Leben. Der Glaube an einen Glücksbringergott kommt aus einem abergläubischen Wesen.

Die Heilige Schrift leugnet die Verborgenheit Gottes nicht: „Fürwahr, du bist ein verborgener Gott, du Gott Israels, der Heiland" (Jesaja 45,15).

Der Glaube hat Teil an der Verborgenheit des Heils. Wir leben im Glauben, nicht im Schauen. Darum fällt es schwer, Gottes Tun immer einsichtig zu machen. Oft ist es rätselhaft. Sein Wort ist nicht nur Balsam für die Seele. Es ist auch bittere Medizin – Medizin, gegeben zum Heil und auch zur Heilung.

Es gibt nicht nur Freude an Gott. Es gibt auch ein Leiden an ihm, Seligkeit und Verzweiflung. In allem Schweren, das Gott manchmal schickt, gilt dennoch das eine: „Die Liebe vergeht niemals!" (1. Korinther 13,8). Die Freude bleibt bewahrt, bei aller Anfechtung, die sie erfährt. Sie ist unzerstörbar, auch wenn sie zeitweilig verweht erscheint. Die Freude kommt aus der Liebesbeziehung, die Jesus zu uns geknüpft hat und liegt nicht als religiöse Kraftquelle in uns. Sie liegt in ihm.

„Der Weg zur Freude führt nicht am Leid vorbei, sondern mitten durch das Leid hindurch. Solche Freude lebt also nicht von Illusionen, [...] sondern erweist ihre Kraft in allem Leid, in der harten Wirklichkeit dieser Welt."[24]

Solch vollkommene Freude ist keine innermenschliche Möglichkeit, sie ist im Handeln Gottes begründet, der seinen Sohn gab, damit unsere Freude vollkommen sei.

Woher kommen unsere Anfechtungen?

Von Gott kommen sie, wenn sie den Stolzen Demut lehren, dem Starken seine Schwachheit zeigen, den vor Selbstbewusstsein Strotzenden auf die Knie bringen, ins Gebet. Gottes Anfechtungen führen zum Guten, auch wenn sie von uns nicht immer gleich gutgeheißen werden. Anfechtung lehrt, aufs Wort zu achten.

Versuchungen des Widersachers gibt es auch. Die

---

24 Olav Hanssen, *Gott alles in allem*, S. 77.

sind nicht selten religiöser Art. Der Vater der Lüge verstellt sich als Engel des Lichts: „Für Gott bist du zu schlecht. Deine Schuld ist zu groß, dass sie vergeben werden könnte. Du bist ein Versager. Gib auf! Mach mit dem Glauben Schluss!" Die Einflüsterungen des Bösen sind darauf aus, uns die Freude an Gott zu zerstören. Dem spielt in die Karten, dass der Widersacher recht zu haben scheint. Ich bin ja nicht so gut, wie ich gern wäre. Ich versage, und der Glaube ist schwach.

Hier kann nur eines helfen: Wir halten dem bösen Feind Gottes Wort entgegen: „Wenn eure Sünde auch blutrot ist, soll sie doch schneeweiß werden" (Jesaja 1,18).

Martin Luther war der Meinung, dass ihn die Anfechtungen des „Widersprechers" tief in die Schrift geführt haben. So habe auch Paulus einen Teufel gehabt, der ihn geschlagen und ihn durch die Anfechtung dazu getrieben habe, fleißig die Heilige Schrift zu studieren. Aufgrund solcher Anfechtung kam Paulus in schwerer Not zu der Zusage Jesu: „Meine Gnade ist alles, was du brauchst!" (2. Korinther 12,9).

Uns bleibt nur, uns der Gnade in die Arme zu werfen: „Ich glaube, hilf mir heraus aus meinem Unglauben!" (Markus 9,24). Nicht wir halten fest. Wir werden festgehalten. Nicht wir ergreifen, wir werden ergriffen. Nicht wir schaffen uns Sicherheiten, uns wird Gewissheit geschenkt.

Wir können nur noch „Danke!" sagen.

Empfangen und Geben

Im Gebot, Gott von ganzem Herzen zu lieben, verbirgt sich der hilfreiche Rat, *sich von ihm lieben lassen.* In dem Maße, wie wir Liebe empfangen, können wir Liebe geben. So einfach ist das.

Bedeutung erlangen Christen nicht durch eine Menge an Aktivitäten, sondern dadurch, dass sie dem Ewigen zugewandt leben. Gott füllt gern leere Hände. Reiner Kunze, der Dichter, denkt darüber nach, einen Sinn zu finden:

> Durch die risse des glaubens schimmert
> das nichts
> Doch schon der kiesel
> nimmt die wärme an
> der hand [25]

Der Kieselstein in meiner Hand wird warm, mühelos. Oder: In der Sonne liegen. Einfach da sein. Der Sonne zugewandt. Das reicht schon. Wärme zu nehmen und zu geben ist die Berufung der Christen.

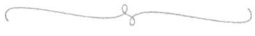

Besonders wichtig sind für die Gemeinde die, die nicht zu ihr gehören. Gott liebt in besonderer Weise die, die nicht an ihn glauben. Die Gemeinde ist für

---

25 *Auf eigene hoffnung: gedichte*, S. Fischer, 1981, S. 14.

sie Botschafterin an Christi statt: „Nehmt die Versöhnung an, die Gott euch anbietet!" (2. Korinther 5,20). Christen geben die Welt nicht verloren.

Christoph Blumhardt sagt:

> Was ist der Zweck unseres Daseins? Nicht das, dass wir geschwind selig werden, ist die Hauptsache – wer das denkt, täuscht sich gewaltig –, sondern dass wir Kämpfer sind und dass wir die Welt unter Gottes Füße bringen, dass wir die rechten Stimmen sind auf Erden und die Herrschaft der Sünde und des Teufels nicht mehr dulden. So stehen wir im Bündnis mit Gott, und in solchem Kampf werden wir auch gewinnen. Die Sache Christi steht still, wenn die Gemeinde Christi nicht lebendig ist [...] So sind wir also jetzt die berufenen Mitkämpfer Gottes. Nicht egoistisch und eigenliebig bin ich ein Christ, damit ich selig werde, sondern ich bin ein Christ um Gottes willen; ich bin ein Knecht Gottes, der für die Sache Christi streitet. So kann einer, der ein weites Herz hat, fürs Ganze eintreten. Und jetzt ist der Herr Jesus da, der im größten Umfang fürs Ganze eintritt. Und hinter ihm drein soll die Gemeinde Christi fürs Ganze eintreten.[26]

---

26 „Heute schauen wir vorwärts", *Ein Blumhardt-Brevier für alle Tage*, herausgegeben von Otto Bruder, Zürich/Stuttgart, 1966, S. 175

Des ewigen Lebens gewiss wenden sich Jesu Nachfolger auch versklavenden Verhältnissen zu. Die ersten Christen waren diesbezüglich hellwach. Sie weigerten sich, sich ihrer jüdischen oder weltlichen Obrigkeit in allem einfach zu fügen. Negative Sachverhalte haben sie nicht als gottgegeben hingenommen. Sie haben sich eingemischt und widerstanden. Ohne die Gewissheit des Glaubens ist ihre kämpferische Grundhaltung nicht zu verstehen. Sie stritten gegen die bösen Mächte, die sich auch irdisch manifestieren. Es ging ihnen um die Erneuerung der Menschen, aber auch um die Erneuerung ihrer Lebensbedingungen.

Wo Lebensbedingungen zu einseitig das Interesse beherrschten, erzählten sie, dass Jesus aus solcher Einengung herausführt. Ich denke an die Freunde eines Gelähmten. Sie haben den Kranken vor die Füße Jesu gelegt, damit er ihn gesund mache – das Urbild christlicher Diakonie. Jesus nimmt sich des Kranken jedoch in einer Weise an, die die Erwartung der Freunde und des Kranken selbst übersteigt und damit *korrigiert*. Er schenkt Vergebung! Dann erst heilt er den Gelähmten, zum Zeichen, dass ihm die Macht zur Vergebung gegeben ist (vgl. Markus 2,1-12).

Fragen und Antworten

Wunschlos glücklich?

Bei alledem könnte man denken, dass Christen wunschlos glücklich sind.

Sie freuen sich an den guten Gaben des Gebers, werden aber ihr Herz daran nicht verlieren. Sie haben es bereits an den Geber verloren. Dadurch ist eine neue Rangordnung hergestellt. *Jesus* hat den ersten Rang. Alles andere ist auf die hinteren Plätze verwiesen.

Wenn wir lernen, Letztes und Vorletztes zu unterscheiden, werden wir im Blick auf alles Vorletzte nicht mehr fanatisch sein. Wir hängen nicht an den Dingen, sondern an dem, von dem die Dinge sind. Das verschafft Unabhängigkeit, weil unsere eigentlichen Belange zur Erfüllung gekommen sind.

Sofort geheilt?

Ich sitze in einer christlichen Versammlung. Der Prediger ruft seine Zuhörer auf, an Jesus zu glauben. „Wer zu ihm kommt", verspricht er, „dessen Vergangenheit wird geheilt, und zwar *so!*" Er schnippt mit dem Finger. So viel Gutes er zunächst gesagt hatte, hier irrt er.

Wie viele andere, so leiden auch Christen oft an seelischen Verwundungen aus ihrer Vergangenheit. Vielfach reichen die Ursachen dafür bis in die Kindheit. Als Christen haben wir durch den Glauben den Weg der inneren Heilung zwar betreten, aber noch nicht hinter uns. Manche Genesungsschritte liegen noch vor uns, und die müssen gegangen werden. Dazu ist es ratsam, nach Seelsorge Ausschau zu halten. Psychologen befassen sich professionell mit der Seele des Menschen, die ein Werk des Schöpfers ist. Wenn die Fachleute korrekt vorgehen, werden sie zu dem, was sie beim Betrachten der Seele entdecken, ideologisch nichts hinzuerfinden. Gute Psychologen erfinden nichts, aber sie finden. Finden lässt sich nur, was vorhanden ist. Was Humanwissenschaften finden, finden sie vor. Sie können uns helfen, in die Schöpfung zu schauen, ihre Gesetzmäßigkeiten zu erkennen, sie wahr- und ernst zu nehmen.

Christen brauchten Kenntnis der Schöpfungsgeheimnisse. Unsere Probleme dürfen wir nicht verdrängen. Sie müssen unter die Sonne des Auferstandenen: Vielleicht gibt es Altlasten, Verwundungen,

Verbiegungen, Schuld, die nie versöhnt oder bereinigt wurden. All das wurde vielleicht nur verdrängt, in die Seele gedrückt wie ein Eitergeschwür in den Blutkreislauf. Da wirkt und frisst es weiter. Nach außen geben wir vor, gläubig und geheilt zu sein, innen jedoch wirken alte Wunden weiter. Unser Innen und unser Außen sollen aber übereinstimmen. Sonst träfe uns der Vorwurf Jesu gegen die Frommen seiner Zeit:

„Hütet euch vor dem Sauerteig der Pharisäer – vor der Heuchelei!" (Lukas 12,1). Wir dürfen keine Erlösung vorgeben, wo wir noch nicht erlöst sind, keine Heilung behaupten, wo wir nicht geheilt sind. Wir haben die Möglichkeit, den Erlöser an alles heranzulassen. Bei schweren inneren Verletzungen geschieht das am besten durch das Aussprechen bei einem Seelsorger, einer Seelsorgerin oder durch die Hilfe von gläubigen Psychotherapeuten.

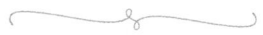

Auch unsere Krisen gehören zu den Schöpfungsgeheimnissen. Sie sind uns um unseres geistlichen Wachstums willen verordnet. Wir dürfen gerade auch die unbequemen Dinge vor Gott offenlegen. Es tut gut, sie vor hörfähigen, seelsorgerlichen Menschen auszusprechen. „Krisen sind die freundlichen Erinnerungen unseres Schöpfers, dass wir Unerledigtes aufzuarbeiten haben" (Eberhard Rieth). An gründlicher Aufarbeitung werden wir reifen.

Gotteserkenntnis führt zu Selbsterkenntnis. Selbsterkenntnis erzeugt dann Leidensdruck, wenn die eigenen Defizite an Charakter und Reife zutage treten. Wir sind geneigt, dem auszuweichen. Anstatt hinzuschauen, schauen wir weg, verdrängen oder übertragen unsere Probleme auf andere.

Es ist der Wille Gottes, dass seine Erlösung in jeder Beziehung für uns wirksam wird, d. h. für Geist, Seele und Leib. Wird der innere Mensch von Lasten befreit, hat es Auswirkungen auf den äußeren.

In meiner Kindheit habe ich Schlimmes durchgemacht. Meine Mutter und ich lebten nach unserer Berliner Zeit im Landkreis Bielefeld. Als ich elf Jahre alt war, wurde meine Mutter, von ihrer Umgebung unbemerkt, sehr krank. Sie hörte Stimmen, besonders in der Nacht. Sie sprach auch laut mit ihnen, was ich mitbekam. Eines nachts – ich schlief – sagten ihr die Stimmen, sie solle ihr Kind töten und dann sich selbst. So hat sie sich in der Dunkelheit über mich hergemacht, hat mich gewürgt und ständig gesagt: „Komm, Klaus, wir wollen sterben!" Es gelang mir, mich loszureißen und die Treppe hinunter auf die Straße zu laufen. Sie kam hinter mir her. Ich rannte, so schnell ich konnte. Sie kam näher. Ich hörte ihren Atem hinter mir. Endlich gab sie auf. In panischer Angst rannte ich weiter. Schließlich habe ich mich in einem fremden Garten in die Ecke gekauert. Irgendwann bin ich dort eingeschlafen. Es war eine warme Sommernacht.

Am Morgen bin ich nach Hause geschlichen. Mutter war nicht da. Es war schon heller Tag, da kam sie mit zerzaustem Haar, zerrissenem Nachtgewand und totem Blick die Treppe herauf. Verwandte, die im gleichen Hause wohnten, schalteten sich ein. Meine Mutter kam in eine geschlossene Anstalt.

Aus der Anstalt wurde sie nach wenigen Wochen entlassen. Nun waren wir wieder zusammen, Tag und Nacht. Was sie kochte, mochte ich nicht essen. Ich dachte, es könnte vergiftet sein. Abends fürchtete ich mich einzuschlafen.

Einige Nächte war es ruhig. Dann ging es wieder los: „Komm, Klaus ..." Nun waren die Verwandten eher zur Stelle. Wieder kam meine Mutter in eine Anstalt, wo sie nach einigen Monaten, neun Tage vor meinem zwölften Geburtstag, starb.

Es ist schlimm, was so etwas mit einem Elfjährigen macht. Meine Nerven waren dermaßen strapaziert, dass ich lange Zeit abends den Atem meiner Mutter hörte. Ich habe unter das Bett geschaut, in den Schrank. Immer wieder.

Mit 18 Jahren kam ich zum Glauben. War da alles weg? War meine Seele geheilt, von heute auf morgen?

Ich war in die Hände des Heilands gekommen, ja! Aber die Wunde musste ans Licht, unter die Sonne des Auferstandenen. Mit 16 habe ich das erste Mal darüber reden können. Dabei verlor ich die Kontrolle über meine Glieder, habe gezittert wie bei einer heftigen Schüttellähmung. Später wurde es langsam besser. Es hat Jahre gebraucht. Nun kann ich es sagen und niederschreiben. Jesus hat geheilt, aber nicht im Nu. Es war ein Genesungsprozess. Heute bin ich froh, dass ich es damals herausbringen konnte. Lange genug war ich der große Schweiger. Das hat mir nicht gutgetan.

> Man kennt einen Menschen erst dann wirklich, wenn man um die innere Tragödie seines Lebens weiß oder sie ahnt. In jedem Menschen ist irgendwo ein Punkt, wo es still in ihm weint. Dieses Weinen wagt sich selten aus seinem Versteck heraus, vorhanden aber ist es immer.[27]

Es gehört zu den Schöpfungsgeheimnissen, dass Wunden der Seele heilen. Doch dazu müssen sie ans Licht. Ein erster Schritt dazu besteht darin, dass wir darüber sprechen: „Verbalisieren!", sagen erfahrene Seelsorger. Es ist gut, auf sie zu hören. Verbalisieren kann man jedoch nur Dinge, die einem bewusst sind. Oft bedarf es einer tiefgehenden Seelsorge oder einer Therapie, in der auch die verdrängten Dinge heilend berührt werden.

Was ist, wenn das Lachen fehlt?

„Meine Seele ist zu Tode betrübt" (Matthäus 26,38), so betet Jesus kurz vor seiner Gefangennahme im Garten Gethsemane.

---

27 Steinwand, S. 122

Der, der sich darauf vorbereitet, die Schuld der Menschen an den Galgen der Weltgeschichte zu tragen, geht durch große Trübsal.

Vor mir sitzt eine Frau. Ihr Mann hat sie verlassen. Sie haben zusammen vier Kinder. Selten habe ich ein so verzweifeltes Gesicht gesehen. Es martert sie, als habe ihr jemand ein Schwert in die Seele gebohrt. Ehebruch tut weh.

In Gedanken gehe ich durch diese Welt, durch die Jahrhunderte und Jahrtausende, durch alle Generationen. Ich sehe, wie sich die Ehebrüche anhäufen zu einem grausamen Schmerzensberg. Milliardenfach erleben Menschen schreiendes Unrecht, unsägliche Qual. Und nun nimmt einer die Ehebrüche aller Zeiten mit allen Schmerzen, die daran kleben, alle Morde, alle Gemeinheiten, die der Himmel gesehen hat, seit es Menschen gibt. Er schleppt die Berge an Schuld und Schmerzen ans Kreuz. Niemand kann ermessen, was er erduldet.

„Meine Seele ist zu Tode betrübt", bekennt Jesus im Garten Gethsemane (Matthäus 26,38). „Ich habe Durst!", ruft er am Kreuz (Johannes 19,28). „Wie der Hirsch schreit nach frischem Wasser, so schreit meine Seele, Gott, zu dir" (Psalm 42,2). „Mein Gott, mein Gott, warum hast du mich verlassen?" (Matthäus 27,46). Unsere Gottverlassenheit hat er durchlitten, damit wir nie mehr von Gott verlassen sind. Unter uns leben Menschen, die sich von Gott verlassen glauben. Sie sind es nicht, aber sie fühlen sich so. Sie sind von Schwermut geplagt: „Mein Herz ist geschlagen und verdorrt wie Gras" (Psalm 102,5).

Sie scheinen etwas von der Gottverlassenheit Jesu zu spüren. Mal schreit es in ihnen nach der Nähe des Vaters. Oft aber ist es in ihnen nur stumm. Es gibt den stummen Schrei. Sie können nicht lachen, nicht weinen. „Was haben Menschen dir zugefügt?", möchte man fragen, oder: „Was hast du dir selbst angetan? Was hat nach dir gegriffen?" Nahestehende möchten sie mit Liebe überschütten, aber sie perlt ab. Sie erleben, was Jesus erlebte, ihre Seele ist zu Tode betrübt. Es scheint, als durchschritten schwermütige Menschen eine Verlorenheit ähnlich wie der Mann am Kreuz. Da sind sie ihm näher als wir, auch wenn sie es nicht wissen. Sie sind vom Vater im Himmel umarmt, müssen uns jedoch zeigen, wie es ist, wie der Gekreuzigte von ihm verlassen zu sein.

Es ist, als habe Gott den Geplagten eine Aufgabe zugemutet. Schwermütige werden zur Gabe für Leichtlebige. Wir, die eher Oberflächlichen, werden genötigt, in die Tiefe zu schauen, in der – wenn es keinen Gott gibt – nichts ist als das Nichts. Ohne den barmherzigen Gott müssten wir alle schwermütig werden.

Gott ist den Betrübten nahe. Sie aber erleben seine Nähe nicht, nur Gottesferne. So zeigen sie uns den Zustand einer gottentfremdeten Welt, wie Jesus es zeigte, als er am Kreuz schrie. Rudolf Bohren rät Schwermütigen, sich von der schwarzen Galle nicht diktieren zu lassen, was mit ihnen los ist. Dann fährt er fort:

[...] lass den Heiligen Geist, den Tröster, in dir wirken! Lass ihn reden! Gib ihm das Wort für deinen inneren Monolog. Wie aber, wenn die Melancholie dir einen Schlag auf den inneren Mund gegeben hat, der den inneren Monolog verstummen ließ? – Dann bist du dort, wo Jesus war, als er verstummte. Wenn du dich in einer Hölle fühlst, er ist durch sie hindurchgegangen, und wenn sogar die Hölle in dir selbst brennt, auch da ist er. Im Reich der schwarzen Galle bist du nicht allein, die Isolation um dich her erweist sich als falsches Bewusstsein, als Wahn. Die Wahrheit ist: „Von allen Seiten umgibst du mich [...] Bettete ich mich in die Hölle, siehe, so bist du auch da" (Psalm 139,5.8b). Und wenn du in deinem Höllenbett ihn nicht siehst, weil du unter einer Decke liegst, es kommt die Stunde, in der du entdeckst, dass er dich nie verließ.[28]

Aus solcher Betrübtheit kommen die Klagepsalmen. Die Beter nehmen Menschen, die im tiefen Loch sitzen, gleichsam bei der Hand, verbünden sich mit ihnen, zeigen ihnen, dass sie zu denen gehören, auf die Gott schwere Bürde gelegt hat. Das hat einen Sinn. Wenn ein Schwermütiger nicht beten kann, lasse er die Gebete des Volkes Gottes für sich sprechen:

---

28 *Zisterne*, S. 157.

„HERR, wie lange willst du mich so ganz ver-
gessen? Wie lange verbirgst du dein Antlitz vor
mir?" (Psalm 13,2). *„Mein Gott, mein Gott,*
warum hast du mich verlassen?" (Psalm 22,2).
„Mein Gott, betrübt ist meine Seele in mir, dar-
um gedenke ich an dich" (Psalm 42,7). *„Ich liege*
gefangen und kann nicht heraus" (Psalm 88,9).
„Meine Seele ist übervoll an Leiden, und mein
Leben ist nahe dem Tode" (Psalm 88,4). *„Mein*
Herz ängstet sich in meinem Leibe, und Todes-
furcht ist auf mich gefallen" (Psalm 55,5).

Das sind Klagerufe, ja – aber sie gehen in die richtige
Richtung. Fühlen Sie sich auch noch so verlassen, so
ist es doch ein falsches Gefühl. Sie sind niemals verlassen, niemals allein. Darauf haben Sie sein Wort:
  „Die Liebe vergeht niemals."

Was ist, wenn ich nichts fühle?

„Wie kann ich wissen, dass ich begnadigt bin?", haben
mich welche gefragt. „Ich fühle es so wenig." Andererseits hat mir eine Frau erklärt, sie könne vor lauter
religiöser Gefühle nicht zur Kirche gehen. Wenn die
Orgel spielt, müsse sie weinen.
  Religiöses Gefühl ist Veranlagungssache. Es ist bei
dem einen stärker als bei dem anderen. Soll nun jemand, der emotionaler ist, bei Gott höher angesehen
sein als der kühle Typ? Um religiöse Gefühle geht es

nicht. Gottes Wort ist entscheidend. Wer zu Jesus gehört, darf sich seiner Liebe gewiss sein, *auch wenn er nichts fühlt.*

Natürlich ist Freude nicht nur eine objektive Gegebenheit, ein Gedanke, bei dem die Gefühle unberührt bleiben. Freude widerfährt uns, damit wir uns freuen.

> Freude ist wesentlich im geistlichen Leben [...] Freude ist nicht dasselbe wie lustig sein, Spaß oder Glück haben. Wir können in vielen Dingen Unglück haben, dennoch kann Freude da sein. Sie kommt aus dem Wissen darüber, dass Gott uns lieb hat. Wir neigen zu der Meinung, dass, wenn wir traurig sind, wir nicht froh sein können, aber im Leben einer um Gott zentrierten Person können Leid und Freude zusammenstehen.[29]

Das wird nicht für jedes Übel gelten. Es gibt auch ein Aufbäumen, einen heiligen Widerstand gegen ein Leid. Das gilt nicht nur für schwermütige Gedanken, denen wir uns nicht kampflos hingeben sollen. Das gilt für manche Krankheit oder schwere Lebensumstände. Wie wir einen Schirm gegen den Regen aufspannen, so dürfen wir Gottes Wort entschlossen den Dingen, die uns anfechten, entgegenhalten, damit sie uns die Freude nicht rauben und uns schwächen. Aber es gilt auch zu

---

29 Nouwen, S.26 f.

lernen: *Was ich nicht ändern kann, muss ich erleiden.* Ich werde es annehmen als ein Schicksal, das nun zu mir und meinem Leben gehört. Im ständigen „Nein" gegen einen nicht zu ändernden Umstand versinken wir in die Gefangenschaft der Negation, die uns nicht guttut und es unseren Mitmenschen mit uns schwer macht.

Nichts geschieht im geistlichen Leben automatisch. Freude widerfährt uns nicht einfach. Wir müssen uns für die Freude entscheiden. Sie ist regelmäßig und täglich neu zu erwählen. Es ist eine Wahl, die auf dem Wissen beruht, dass wir zu Gott gehören, dass wir in ihm unsere Zuflucht gefunden haben, unsere Gewissheit, dass nichts, nicht einmal der Tod, uns Gott wegnehmen kann.[30]

Können wir alles wieder verlieren?

Manche sagen: „Heilsgewissheit – gut und schön. Aber wir können das ewige Leben doch auch wieder verlieren, oder?"

Das ist so gut wie unmöglich, denn:

Meine Schafe hören auf meine Stimme. Ich kenne sie, und sie folgen mir, und ich gebe ihnen das ewige Leben. Sie werden niemals verloren gehen,

---

30 Nouwen, ebd.

und niemand wird sie aus meiner Hand reißen.
Mein Vater, der sie mir gegeben hat, ist größer als
alles; niemand kann sie aus der Hand des Vaters
reißen. (Johannes 10,27-29)

Unvorstellbar, dass sich der Himmel über unsere Umkehr freut, wenn ungewiss ist, ob wir dabei bleiben oder uns schließlich doch von Gott trennen.

Unsere Frage wird aktuell, wenn Christen durch Anfechtungen gehen, sodass ihnen der Glaube zeitweise entschwindet. Da ist es wichtig zu wissen: „Sind wir untreu, so bleibt er doch treu; denn er kann sich selbst nicht verleugnen" (2. Timotheus 2,13).

An anderer Stelle habe ich die Geschichte erzählt, wie unser Martin als Kind im fliegenden Flugzeug gestolpert und gefallen ist.[31] Ist er da aus dem Flieger herausgefallen? Nein! Das, was ihn umfing, war stärker als sein Sturz: „Mein Vater, der mir sie gegeben hat, ist größer als alles; niemand kann sie aus der Hand des Vaters reißen."

Andererseits würden wir Gott verspotten, wenn wir meinen, wir könnten bewusst in Sünde verharren, weil wir das ewige Leben sicher haben. Hier würden wir unsere Freiheit, die wir in Christus genießen, zum Deckmantel der Bosheit machen (vgl. 1. Petrus 2,16).

Weiter spricht Petrus davon, dass Gott sogar Engel, die gesündigt haben, nicht verschont hat, sondern sie mit Ketten der Finsternis in die Hölle gestoßen

---

31 Eickhoff, *Wie ein Spatz im Käfig*, S. 75f.

hat, damit sie für das Gericht festgehalten werden (vgl. 2. Petrus 2,4). Von Menschen, die von Gottes Willen abfallen und darin beharren, schreibt er:

Diese Leute hatten zwar unseren Herrn und Retter Jesus Christus kennen gelernt und waren dadurch von dem schändlichen Treiben dieser Welt losgekommen. Wenn sie sich nun aber von neuem in jene Dinge verstricken und sich von ihnen gefangen nehmen lassen, steht es am Ende schlimmer um sie als am Anfang. Ja, es wäre besser für sie gewesen, sie hätten den richtigen Weg gar nicht erst kennen gelernt, als dass sie sich, nachdem sie ihn erkannt hatten, wieder von der heiligen Lehre abwandten, die ihnen überbracht worden war. (2. Petrus 2,20-21)

Trotzige Sicherheit hat mit demütiger Gewissheit nichts gemein:

Macht euch nichts vor! Gott lässt keinen Spott mit sich treiben. Was der Mensch sät, das wird er auch ernten. Wer auf den Boden seiner selbstsüchtigen Natur sät, wird als Frucht seiner Selbstsucht das Verderben ernten. Wer dagegen auf den Boden von Gottes Geist sät, wird als Frucht des Geistes das ewige Leben ernten. (Galater 6,7-8)

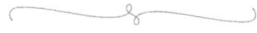

Einmal kam ein bekümmerter junger Mann zu mir: „Ich bin verloren. Ich habe die Sünde wider den Heiligen Geist begangen."

Was hatte er gemeint?

Die „Sünde wider den Heiligen Geist" ist die, die nicht vergeben wird. Wir wissen nicht, was das ist. Liegt sie vor, entzieht sich der Heilige Geist, sodass jemand zu Reue und Umkehr nicht fähig ist. Der, der zu mir gekommen war, zeigte sich jedoch tief bekümmert und wäre gern umgekehrt. Da habe ich zu ihm gesagt: „Ihr Kummer ist vom Heiligen Geist gewirkt. Er hätte sich zurückgezogen, wenn Sie die genannte Sünde begangen hätten. Gottes Geist bewirkt Ihre Reue, damit Sie die Schuld bei Jesus abgeben und wieder froh werden."

Er strahlte. Dann haben wir gebetet, und ich konnte meinem Gast im Namen Jesu die Vergebung zusprechen. Er war mit dem Fahrrad gekommen. Als er fortfuhr, habe ich oben vom Fenster aus gesehen, wie er beim Fahren die Arme jubelnd in die Höhe warf wie ein kleiner Junge, der gerade ein riesiges Geschenk erhalten hatte. Seine Freude war groß. Er hatte das Geheimnis fröhlicher Habenichtse erfahren: erneute Befreiung von Schuld, Gewissheit des ewigen Lebens.

Lachen – wie bereits festgestellt – ist schön und macht schön. In der Ewigkeit werden wir schön sein.

Was gilt?

Den Ausführungen zur Gewissheit des ewigen Lebens steht ein Bibelwort scheinbar entgegen: „Es ist also nicht etwa so, dass ich das alles schon erreicht hätte und schon am Ziel wäre. Aber ich setze alles daran, ans Ziel zu kommen und von diesen Dingen Besitz zu ergreifen, nachdem Jesus Christus von mir Besitz ergriffen hat" (Philipper 3,12).

Was gilt denn nun?

Sind wir gerettet – oder müssen wir unsere Rettung selbst vollbringen? Stehen wir in der Freiheit des Glaubens oder doch noch unter dem Gesetz der Werke? „Es ist also nicht etwa so, dass ich das alles schon erreicht hätte und schon am Ziel wäre."

Hier steht es schwarz auf weiß, mag jemand denken. *Wir haben es noch nicht ergriffen. Wir sind noch nicht gerettet. Wir sind noch nicht erlöst. Wir müssen uns mühen, es zu werden.* Ernste Christen haben es mir so gesagt. Weil es demütig klingt, wirkt es sympathisch. Die Frage, die sich mir stellt, lautet: Ist es auch wahr?

Andere dagegen sagen: „Wir *sind* von Christus ergriffen. Wir jagen dem ewigen Leben nicht nach. Wir *haben* es bereits. Wir suchen es nicht mehr; wir wurden gefunden. Wir sind dem ewigen Leben nicht nur auf der Spur. Wir sind von ihm umfangen."

Das klingt nach Glaubensbesitz. Bescheidene fühlen sich unangenehm berührt. Die Frage heißt auch hier: Ist es wahr?

Wer hat recht? Großes steht auf dem Spiel. Die einen sprechen von ihrer Armut, die anderen von ihrem Reichtum. Die Reichen sagen: „Wir *sind* Christen." Die Armen: „Wir *versuchen,* es zu sein."

Wem jagt Paulus nach?

Jagt Paulus dem Frieden mit Gott nach?

Das kann nicht sein! Er selbst hatte geschrieben: „Nachdem wir nun aufgrund des Glaubens für gerecht erklärt worden sind, *haben* wir Frieden mit Gott durch Jesus Christus, unseren Herrn" (Römer 5,1).

Dem, was ich habe, muss ich nicht nachjagen.

Jagt er der Gerechtigkeit, die vor Gott gilt, nach? Auch das kann nicht sein! Er schreibt doch: „Nachdem wir nun aufgrund des Glaubens für gerecht erklärt worden *sind.*" Was meint der Apostel, wenn er sagt: „Es ist also nicht etwa so, dass ich das alles schon erreicht hätte und schon am Ziel wäre"? Was ist „das alles", das er noch nicht ergriffen hat?

Wir blicken auf den Zusammenhang dieses umstrittenen Wortes: Es geht dem Apostel um die überschwängliche Erkenntnis Jesu Christi. Er möchte nur in der Gerechtigkeit gefunden werden, die Gott dem Glauben zurechnet, damit er Christus erkennt, die Kraft seiner Auferstehung und die Gemeinschaft seiner Leiden. Seinem Tod möchte er ähnlicher werden. Dem allem jagt Paulus nach.

Hier geht es nicht um das Christsein. Er ist Christ, bekennt er doch, dass Christus ihn ergriffen hat. Es geht um die *Auswirkungen* des Christseins. Da ist er noch nicht am Ziel. Er weiß, dass er hinter manchem, was er glaubt, mit seinem Leben zurückbleibt. Er möchte aus Liebe zu Jesus gern ein besserer Täter des Wortes sein. Da mangelt es. Aber sein Christ*sein* ist dadurch nicht infrage gestellt. Ein Kind ist – gemessen an einem Erwachsenen – in vielem noch nicht „am Ziel". Kinder müssen noch lernen, dieses zu tun und jenes zu lassen. Aber bei allen Begrenzungen sind Kinder von Mutter und Vater geliebt.

Um zwei theologische Begriffe zu verwenden: In dem zitierten Bibelwort spricht Paulus nicht von der *Rechtfertigung.* Er ist gerechtfertigt. Er spricht von der *Heiligung!* Heiligung ist das Leben, das aus der Rechtfertigung folgt. Christus erkennen, ihm in der Nachfolge ähnlicher werden, tiefere Gemeinschaft mit ihm zu haben, *das* ist das Ziel. Das hat er vor Augen, *weil* er von Christus ergriffen ist.

Christus ist ihm wie ein Ozean voller Liebe, Weisheit und Erkenntnis. Er ist von diesem Ozean umfangen wie ein Schwimmer, der von den Wogen des Atlantiks getragen wird. Aber er möchte – gewissermaßen wie ein forschender Taucher – tiefer in ihn eindringen, mehr erkennen, gehorsamer werden.

Wenn ein Mensch vom Ozean ergriffen ist, so hat er jedoch seinerseits den Ozean nicht ergriffen. *Wer kann einen Ozean umarmen?* Der ist ja viel zu weit, viel zu tief, als dass das ginge. Man möchte gern tiefer in ihn eindringen. Darum geht es dem Paulus. Von Christus ist er ergriffen. Darin gründet seine Rechtfertigung. Darin aber gründet auch sein Verlangen nach Erkenntnis und Heiligung. Die Botschaft Jesu und sein Heil haben eine Länge und Breite und Höhe und Tiefe, die alle Erkenntnis übertrifft. Sie können nicht ergriffen werden.

„Es ist also nicht etwa so, dass ich das alles schon erreicht hätte und schon am Ziel wäre [...]" Hier redet der Gerechtfertigte, der erlöste, der ergriffene Christ, der die Sehnsucht nach einem geheiligten Leben kennt.

Seid, was ihr seid!

Manchmal frage ich kirchliche Leute: „Sind Sie Christ?"

In der Regel antworten sie: „Ich versuche, einer zu sein."

Das klingt demütig, kann aber auch hochmütig sein. Es kommt darauf an, wie es gemeint ist. Wenn ich von mir aus versuche, Christ zu sein, habe ich die Tiefe meiner Verlorenheit noch nicht erkannt, habe noch Illusionen im Blick auf mich selbst. Wenn mein Christsein von meinen Versuchen abhängt, werde ich nie Christ sein. Es wäre wie der Versuch eines Toten, sich selbst lebendig zu machen.

Unsere Versuche machen uns nicht zu Christen. Christus spricht es uns zu.

Nun das andere: Wenn wir durch Gottes Gnade Christen *sind,* werden wir auch *als Christen leben.* Erlöste *versuchen zu sein, was sie sind.* Hier hat das Wort „versuchen" seinen Sinn. Der Christenstand ist Gottes Gabe. Was dessen Ausleben betrifft, bleibt es ein immerwährendes Versuchen. Unser Sein in Christus ist unabhängig von solchen Versuchen – ob sie nun gelingen oder nicht. Um es überspitzt zu sagen: Wenn wir an Christus *glauben,* sind wir auch dann noch Christen, wenn alle Versuche, als Christ zu *leben,* gescheitert sind. Dann sind wir „schlechte Christen". Gott sei es geklagt! Aber schlechte Christen sind auch Christen. Gott sei es gedankt!

Danken Sie Gott, dass Sie trotz mancher Fehlversuche, Ihr Christsein zu leben, Christ sind. Kleine Kinder fallen und stehen wieder auf. Im Fallen und Wiederaufstehen sind sie und bleiben sie Kinder ihrer Eltern.

Das Neue Testament betont oft: *Ihr seid Christen! Nun seid, was ihr seid!* Offensichtlich brauchen wir, weil wir inmitten der Gnade Sünder bleiben, solche Ermahnungen: „So ermahne ich euch *nun,* [...] dass ihr der Berufung würdig lebt, mit der ihr berufen seid, in aller Demut und Sanftmut, in Geduld" (Epheser 4,1-2).

Das Wörtlein *nun* ist hier entscheidend. Der Schreiber bezieht sich auf das vorher Geschriebene. Da geht es um die Schönheit der Gotteserwählung, um den Reichtum, den Gott der Gemeinde gegeben hat. Auf dieser Grundlage erfolgen die Ermahnungen.

In ihnen fehlt jede Spur eines erhobenen Zeigefingers, wie das Wort in unserer deutschen Sprache vermuten lassen könnte.[32] Vielmehr wird die Gemeinde ermutigt und getröstet.

Im biblischen Wort *ermahnen* liegt all das Gute, das ein Vater seinen Kindern von Herzen zukommen lässt. Ein Kapitel aus dem Römerbrief ist voller liebevoller Ermahnungen. Hier eine Kostprobe:

Ich ermahne euch nun, Brüder und Schwestern, durch die Barmherzigkeit Gottes, dass ihr eure Leiber hingebt als ein Opfer, das lebendig, heilig und Gott wohlgefällig sei. Das sei euer vernünftiger Gottesdienst. Und stellt euch nicht dieser Welt gleich, sondern ändert euch durch Erneuerung eures Sinnes, auf dass ihr prüfen könnt, was Gottes Wille ist, nämlich das Gute und Wohlgefällige und Vollkommene. [...]

Die Liebe sei ohne Falsch. Hasst das Böse, hängt dem Guten an.

Die brüderliche Liebe untereinander sei herzlich. Einer komme dem andern mit Ehrerbietung zuvor [...] Lass dich nicht vom Bösen überwinden, sondern überwinde das Böse mit Gutem. (Römer 12; LUT)

---

32 „Ermahnen" kommt aus dem niederdeutschen *irmanen* und heißt u. a. ursprünglich: dem Pferd die Sporen geben, ihm fest in die Seite treten.

Auf diese Weise werden die Kräfte des Evangeliums in uns wachgerufen. Alles, was liebevoll angemahnt wird, ist ja in uns durch Christus lebendig. *Er* ist das ja alles. Er aber lebt in uns. „Nicht mehr ich bin es, der lebt, nein, Christus lebt in mir" (Galater 2,20). Darin sah Paulus das Geheimnis der Kraft.

Weder satt noch selbstzufrieden

Neben dem selbstquälerischen Christsein gibt es auch ein sattes, selbstzufriedenes. Da ist aus Gewissheit *Sicherheit* geworden. Der Glaube ist erstarrt. Es gibt ein Jesusgerede, das biblische Wahrheiten zur Phrase macht. Was gesagt wird, stimmt. Was gelebt wird, stimmt nicht. Man kann die Wahrheit lügen.

„Weil ich gerechtfertigt bin", so könnte jemand meinen, „muss ich die Heiligung nicht ernst nehmen." Er setzt auf billige Gnade. Glaubenssicherheit entwertet das Wertvollste. Religiöse Sicherheit kennt keinen Heiligungsernst, ist wie erkaltete Lava. Solche Christen hören zwar nicht auf zu glauben, der Glaube aber hört auf, dem Leben Gestalt zu geben. In diesem Sinn ist auch das Wort des Paulus zu verstehen:

„So, wie ihr Gott bisher immer gehorsam gewesen seid, sollt ihr euch ihm auch weiterhin mit Respekt und tiefer Ehrfurcht unterstellen und alles daransetzen, dass eure Rettung sich in eurem Leben voll und ganz auswirkt [...] Gott selbst ist ja in euch am Werk und macht euch nicht nur bereit, sondern auch fähig, das zu tun, was ihm gefällt" (Philipper 2,12-13). Um den Ernst der Nachfolge geht es: Arbeitet daran, dass die Erlösung in eurem Leben wirksam wird.

Ergriffen

Christen sagen mit Paulus: „Nachdem ich von ihm ergriffen bin, jage ich der Heiligung nach, bin ich zum Leben und Handeln bereit." Dass wir von ihm ergriffen sind, daran liegt alles.

„Nachdem ich von ihm ergriffen bin!" Hier kommt alles richtig zu stehen. Subjekt des Handelns ist Jesus Christus, nicht ich. Damit rühmen wir nicht uns selbst, sondern die Gnade. Nicht unser Glaube wird gelobt, sondern seine Treue. Nicht unser Suchen wird verklärt, sondern dass er uns gefunden hat. Hier wird nicht unsere Nachfolge gepriesen, sondern dass er uns nachgegangen ist. Nicht unser Festhalten wird herausgestellt, sondern dass er uns festgehalten hat. Nicht unsere Bewährung wird gewürdigt, sondern sein Bewahren.

Als Glaubender bin ich Gott gegenüber frei vom Vertrauen auf eigene Werke. Wächst das Vertrauen, wächst auch die Gewissheit. Damit wächst das Jagen nach der Heiligung, nach dem vorgestreckten Ziel. Es wächst die angstfreie Gottesfurcht.

An die Hand genommen

Wir waren in Österreich auf einer Jugendfreizeit der Gemeinde. Unsere Familie war mitgekommen, auch Klaus-André. Er war vier.

Eine Bergwanderung stand auf dem Programm.

„Willst du mit, Champion?"

Natürlich wollte er mit. Unten, wo der Aufstieg begann, ergriff ich seine Hand: „Da oben wollen wir hin. Das ist das Ziel."

„Ooch, das schaffen wir!"

Es ging los. Er war begeistert auf das Ziel ausgerichtet. Allein hätte er es nie geschafft. Mit seinen Beinchen hatte er keine Chance. Und doch war er mutig, zielstrebig und gewiss: Er würde es packen.

Warum war er gewiss?

Sein Vater hatte ihn ergriffen!

Nicht, dass der Kleine das Ziel schon erreicht hätte. Nicht, dass er vollkommene Beine gehabt hätte. Die waren im Blick auf das große Vorhaben viel zu schwach. Er jagte dem Ziel dennoch fröhlich entgegen, mutig, trotzig, mit großer Gewissheit: „Ich jage dem Ziel entgegen, weil ich von meinem Vater ergriffen bin!"

Das war sein Geheimnis. Das setzte ihn in Bewegung.

Christen sind von Christus Ergriffene. Das ist ihr einziger Ruhm. Von Christus ergriffen zu sein versetzt in Spannung, vermittelt Zuversicht. Der Berg, der vor ihm lag, konnte den Kleinen nicht erschrecken. An der Hand des Vaters jagte er tapfer los.

Es ging nicht alles glatt. Je länger wir unterwegs waren, umso müder wurde er. Bald war sein Wandern eher ein Stolpern. Er strauchelte. Aus meiner Hand aber fiel er nicht. Hatte er mich kräftig festgehalten – stark, wie ein vierjähriges Kind nun einmal ist?

Mit seiner Kraft kam er nicht weit, ebenso wenig mit seinem Festhalten. Sein kleines Händchen ließ den Griff manches Mal locker. Zwischendurch gab es Ruhepausen. Dann ging es unter Stöhnen weiter. Aus meiner Hand aber fiel er nie. Ich hatte zugegriffen. Das war das Glück des Kindes: Die Kraft des Vaters war stärker als sein Stolpern.

Er konnte dem Vater nicht aus den Händen gleiten. Dazu hielt dieser sein Kind viel zu fest.

Wir straucheln in der Nachfolge Jesu, fallen in Zweifel, in Schuld. Aus eigener Kraft kommen wir nicht weit.

Das aber ist das Schöne: Glaube existiert nicht aus eigener Kraft. Er lebt davon, dass die Kraft Gottes ihn hält: „Mein Vater, der sie mir gegeben hat, ist größer als alles; niemand kann sie aus der Hand des Vaters reißen" (Johannes 10,29). Der Kleine wusste: „Vati ist stärker. Ich kann nicht abstürzen. Aus seiner Hand falle ich nicht!"

Kinder können uns die Einfalt des Glaubens lehren. Natürlich hat Klaus-André gestöhnt, wenn eine schwierige Klippe kam: „Vati, halt mich fest!" Dass die Verbindung zum Vater nicht abriss, war seine größte Sorge. Nun, da war keine Not. Er war fest in meiner Hand. Einmal wurde er verzagt, wollte aufgeben und jammerte: „Am liebsten möchte ich mich unter den Busch setzen und weinen."

Da habe ich ihn genommen und getragen. Es gibt Zeiten, durch die gelangen wir, weil wir hindurchgetragen werden. Durch die schwersten Zeiten trägt uns der himmlische Vater.

Als wir endlich oben waren, strahlte Klaus-André fröhlich und glücklich, wie ein Kind eben strahlt, wenn es auf wunderbare Weise ans Ziel gelangt.

Etwas Überraschendes fiel mir auf: Er war gar nicht so matt, wie sein Jammern vermuten ließ. Er hatte es auf dem Weg gelernt, die Kraft seines Vaters auszunutzen. Ich habe geschwitzt, habe Mühe gehabt. Der Junge hat nur eines getan: Er hat meine Kraft ausgenutzt, hat mich für sich wirken lassen.

„Mir hast du Arbeit gemacht mit deinen Sünden und hast mir Mühe gemacht mit deinen Missetaten", sagt Gott durch seinen Propheten (Jesaja 43,24). Gottes Mühe und Kraft für uns dürfen wir in Anspruch nehmen.

„Klaus-André", fragte ein Mädchen aus der Gruppe, „wie hast du das nur geschafft?"

„Ooch", sagte er, „mein Vati hat mich festgehalten."

Wir sind an der Hand des Vaters. Als von ihm Ergriffene gehen wir dem Ziel entgegen. Nicht durch unser Festhalten, sondern durch sein Festhalten. Das hat er versprochen.

Ausblick

Zukunft

„Die Suche nach dem Ziel hat sich somit erledigt!"

So hieß es einst in der Werbung für den neuen VW-Golf. Der Satz wurde auf das neue Navigationssystem zurückgeführt.

Ein Bestsellerautor[33] deutete das auf unsere Epoche:

„Es gibt kaum einen Satz", schrieb er, „der die Lebensphilosophie unserer Generation präziser auf den Punkt bringt."

„Die Suche nach dem Ziel hat sich somit erledigt."

Das stimmt nur bedingt. Ängstliche Blicke nach vorn bestimmen unser Lebensgefühl. Weltuntergangsszenarien haben Konjunktur.

Unabhängig von unseren Vorstellungen gilt: Unser Leben geht seinem ihm gesetzten Ziel entgegen, der Vollendung. Die müssen wir nicht zustande bringen. Die Welt *wird* vollendet und wir mit ihr.

---

33 Illies, S. 189.

Das zu wissen, bewahrt uns vor Überforderung. Das Wissen um die *Weltvollendung* gehört ins Zentrum des christlichen Glaubens. Ohne sie wäre der Glaube nicht nur ein Stück ärmer. Er wäre nichts. Glaube hat nicht nur Zukunft. Er *trägt* die Zukunft wie die Mutter das werdende Kind. Unsere Zukunft ist der kommende Christus.

An Sonne, Mond und Sternen werden Zeichen zu sehen sein, und die Völker auf der Erde werden in Angst und Schrecken geraten und weder aus noch ein wissen vor den tobenden Wellen des Meeres. Die Menschen werden vergehen vor Angst und vor banger Erwartung dessen, was noch alles über die Erde kommen wird; denn sogar ‚die Kräfte des Himmels werden aus dem Gleichgewicht geraten'.

Und dann werden sie den Menschensohn mit großer Macht und Herrlichkeit auf einer Wolke kommen sehen. Wenn diese Dinge zu geschehen beginnen, richtet euch auf und fasst Mut, denn dann ist eure Erlösung nahe. (Lukas 21,25-28)

Auf den „lieben jüngsten Tag" (Luther) läuft die Geschichte der Welt hinaus. Der Tag, an dem die Weltzustände zerbrechen und die Gemeinde Jesu den sieht, an den sie glaubt.

Die nicht an ihn glauben, sehen ihn auch.

Das Pfeifen im Wald

Über den Weltuntergang zu spekulieren ist in Mode gekommen. Äußerungen darüber in Literatur, Film und Fernsehen muten an wie das *Pfeifen im Wald*. Wir leben in einem Zeitalter der Angst. Der 11. September sitzt uns in den Knochen. Der Irak. Der Syrienkrieg. Der IS flößt weltweites Grauen ein, ebenso wie die unselige Zerstörung der Ukraine.

Persönliche *Lebensangst* und kollektive *Weltuntergangsfurcht* bedrängen uns. Stehen wir vor der großen Endkatastrophe? Der Fortbestand der Erde als Wohnhaus der Menschheit ist infrage gestellt. Die Weltbevölkerung explodiert. Armut nimmt zu. Der Klimawandel beschert uns seine Desaster. Länder der Dritten Welt haben die Wasserstoffbombe. Dass Selbstmordterroristen sie eines Tages in die Finger bekommen, ist eine reale Möglichkeit.

Endzeitstimmung. Der Untergang allen Lebens auf der Erde erscheint nahe. Unser Dasein war immer schon ein Tanz auf dem Vulkan. Jetzt aber vernehmen wir das unterirdische Grollen allzu deutlich.

Das trifft auf eine Menschheit, die ihr Bestes nicht kennt, die um ihr Glück nicht weiß. Dabei ist Hoffnung angesagt!

Gelassenheit

„Du brauchst dich nicht zu fürchten! Ich bin der Erste und der Letzte und der Lebendige. Ich war tot, aber jetzt lebe ich in alle Ewigkeit, und ich habe die Schlüssel zum Tod und zum Totenreich" (Offenbarung 1,17-18).

Die Heilige Schrift schreibt die Weltgeschichte von ihrer Vollendung her: In allem Drunter und Drüber führt Gott sein Reich herbei.

Die Offenbarung gewährt uns einen Blick in den Himmel. Da ist von Gottes Thron die Rede, dem Zentrum der Weltregierung.

Vom Thron Gottes strahlt majestätische Ruhe aus. Sie geht auf die Gemeinde Jesu über. Gelassenheit gehört zum Wesen des Glaubens, hat ihre Wurzeln in der Hoffnung der Kinder Gottes. Gott führt die Geschicke der Welt ihrer Vollendung entgegen. Dabei ist christliche Gelassenheit nicht Schicksalsergebenheit. Der Christ ist eingeschaltet, nimmt sein Geschick und das der Welt in die Hand, lässt nicht alles über sich und andere ergehen, mischt sich ein. Er mehrt das Gute, widersteht dem Bösen, nimmt Anteil am Ergehen der Welt.

Zweierlei Hoffnung

Nicht nur Christen haben Hoffnung. Sie ist jedem Menschen mitgegeben. Ohne hoffende Zuversicht würden wir nichts beginnen, nichts durchhalten, nichts vollenden. Wir wären tatenlos. Landwirte säen in der Hoffnung auf gute Ernte. Handwerker erarbeiten, was sich gebrauchen lässt. Egal, was wir tun, es soll etwas dabei herauskommen. Wir denken und handeln zielbewusst.

Hoffnung heißt: Die Menschheit schaut nach vorn, hat heute schon das Morgen im Auge. Das Bild des Zukünftigen bewegt die Kräfte der Gegenwart. „Ich rege mich. Von früh auf sucht man. Ist ganz und gar begehrlich, schreit. Hat nicht, was man will",[34] sagt Ernst Bloch. Hoffnung bestimmt uns vom ersten Tag an bis hin zur letzten Minute!

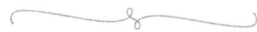

Wenn alle, Christen wie Nichtchristen, Hoffnung haben, sind sie dann in dieselbe Richtung unterwegs, Schulter an Schulter zu *einem* Ziel?

„Gelobt sei Gott, der Vater unseres Herrn Jesus Christus, der uns nach seiner großen Barmherzigkeit wiedergeboren hat zu einer lebendigen Hoffnung durch die Auferstehung Jesu Christi von den Toten" (1. Petrus 1,3; LUT).

Der Apostel nennt Christen *Wiedergeborene* zu einer *lebendigen* Hoffnung. Eine Hoffnung, die im Tod endet, kann schwerlich „lebendig" genannt werden.

---

34 a. a. O., S. 21

Sie wäre tote Hoffnung. Die Hoffnung im Buch der Bücher und die Hoffnung, die von Natur allen gegeben ist, ist nicht dasselbe. Es geht da um verschiedene Hoffnungen. Sie haben das Wort, den Begriff, aber nicht das Ziel gemeinsam. Petrus schreibt den Christen nicht: „Ihr seid zur Hoffnung geboren", sondern: „Ihr seid zur lebendigen Hoffnung wiedergeboren!" Hoffnung, die sich auf Vergängliches richtet, ist nicht die gleiche wie die, zu der man wiedergeboren werden muss. Beide verhalten sich zueinander wie Tod und Leben.

Im Zentrum aller Dinge

„Danach sah ich einen neuen Himmel und eine neue Erde" (vgl. Offenbarung 21,1-8).

Im Licht dieser Vision ist die Bibel zu lesen. Alles ist der Vollendung zugewandt. Alle Worte Jesu sind Ewigkeitsansagen, auch die, in denen er von der Erde spricht. Salz und Sauerteig, Sämann und Korn, Acker und Ernte, alles atmet Vollendung und Ewigkeit.

> „Haben wir uns das schon einmal klar gemacht?", fragt Paul Schütz. „Was ist das, dieser Erdboden, auf den wir unseren Fuß setzen, unsere Hochhäuser gründen, unsere Atomexplosionen loslassen? Die Erde eine Haut, dünner als eine Eierschale, ausgespannt über einer Feuerkugel. Unser Planet ein Stück

gärender, kochender Kosmos, ständig schwankend um seine eigene Achse, in die Leere hinausgeschleudert. Es sieht nicht unbedingt nach Ewigkeit, nach Endgültigkeit aus, dieses kühne Provisorium.[35]

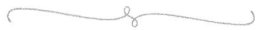

Rings um den Thron standen vierundzwanzig andere Throne, und auf diesen Thronen saßen vierundzwanzig Älteste, die in weiße Kleider gehüllt waren und goldene Kronen trugen ... Sie legen ihre Kronen vor seinem Thron nieder und rufen: „Würdig bist du, Herr, unser Gott, Ruhm und Ehre zu empfangen und für deine Macht gepriesen zu werden! Denn du bist der Schöpfer aller Dinge; nach deinem Willen wurde alles ins Dasein gerufen und erschaffen." (Offenbarung 4,4.10-11)

Vom Volk Gottes ist hier die Rede. 24 Älteste stehen für zwölf Stämme Israels und für zwölf Jünger als der ersten christlichen Gemeinde. Die Gemeinde hat Anteil an der Weltregierung Gottes. Die Throne und Kronen stellen es bildhaft dar.

Im Zentrum aller Dinge werden wir glückselig sein. Wir werden Gott schauen, werden uns an seiner Schönheit nicht satt sehen können.

---

35 Paul Schütz, S. 108

„Halleluja! Gepriesen sei der Herr! Denn er ist es, der von jetzt an regiert, er, unser Gott, der allmächtige Herrscher. Lasst uns jubeln vor Freude und ihm die Ehre geben, denn jetzt wird die Hochzeit des Lammes gefeiert! Seine Braut hat sich für das Fest bereitgemacht" (Offb 19,6-7).

Im Zentrum aller Dinge erleben wir vollendetes Glück.

Kein Leid

„Er wird alle ihre Tränen abwischen. Es wird keinen Tod mehr geben, kein Leid und keine Schmerzen, und es werden keine Angstschreie mehr zu hören sein. Denn was früher war, ist vergangen." (Offenbarung 21,4)

Ein Dasein ohne Tränen, ohne Leid und Schmerz.

Die Völker werden einander nicht mehr verfolgen, sich nicht mehr hassen und morden. Freude hat das letzte Wort.

Alle sind eingeladen

„Ich bin das A und das O, der Erste und der Letzte, der Ursprung und das Ziel aller Dinge." Glück-

lich, wer seine Kleider wäscht und sie von allem
Schmutz reinigt! Er hat das Recht, vom Baum
des Lebens zu essen; die Tore der Stadt werden
ihm offen stehen. (Offenbarung 22,13-14)

Wir sollen kommen und nehmen – alles umsonst! Da
ist sie wieder, die *Rechtfertigung des Gottlosen allein*
aus Gnade. Das Wasser des Lebens ist nichts anderes
als das Leben selbst – der Herr der Ewigkeit. Ihn darf
keiner verfehlen.

Es gibt auch das andere, die Trennung vom
Liebhaber des Lebens: „Schlimm jedoch wird es
denen ergehen, die sich feige zurückziehen und den
Glauben verraten, deren Leben in meinen Augen
verabscheuungswürdig ist, die andere umbringen,
sich sexueller Ausschweifung hingeben, okkulte
Praktiken ausüben oder Götzen anbeten. Auf sie
und auf alle, die es mit der Lüge halten, wartet der
See aus Feuer und brennendem Schwefel" (Offenbarung 21,8).

Wer fände sich in diesen Steckbriefen nicht
wieder? Dennoch ist niemand für den Feuersee geschaffen, sondern für die Vollendung. Darum heißt
es: „Komm und nimm! Umsonst!"

Es mutet an, als würden die Menschen auch
noch im allerletzten Moment gerufen, gelockt, ein-
geladen, vom Wasser des Lebens zu trinken. Und
immer wieder der Hinweis: *Umsonst.*

Salz, Licht und Sauerteig

„Ein Regenbogen [...] umgab den Thron" (Offenbarung 4,3), ein Zeichen der göttlichen Treue. Wir werden hineingenommen in das große Aufatmen des Lebens:

> Als du verloren warst, habe ich dich gerettet.
> Als du untreu warst, war ich dir treu.
> Als du lau warst, habe ich für dich gebrannt.
> Als du müde warst, habe ich dich bewacht.
> Als du gestrauchelt bist, habe ich dich gehalten.
> Als du mich vergessen hattest, habe ich an dich
> gedacht.
> Als du gefallen warst, habe ich dich aufgerichtet.

Wir können nur mit großer Sehnsucht zu diesem Thron schauen. Dort sind wir Menschen zu Hause.

„Lasst uns die Angel auswerfen nach oben", ruft Reiner Kunze, der Dichter, in einem Gedicht.

Oben ist Christus, unser Herr. Der Auferstandene gibt uns Mut zur großen Fahrt des Lebens.

Wir haben eine lebendige Hoffnung. Unser Herr kommt! Glaube, Liebe, Hoffnung lassen die Gemeinde Salz der Erde sein, Licht der Welt und Sauerteig im Backtrog der Geschichte.

Das Salz ist ausgestreut. Das Licht brennt. Der Sauerteig gärt.

Literatur

Augustinus, Bekenntnisse, Frankfurt am Main und Leipzig, 1987.

Berger, Peter L., Auf den Spuren der Engel: Die moderne Gesellschaft und die Wiederentdeckung der Transzendenz, Herder/Spektrum 4001.

Bloch, Ernst, Das Prinzip Hoffnung, Frankfurt am Main, 1973.

Blumhardt, Johann Christoph, Der Herr ist nahe!, Zürich, o. J.

Bodamer, Joachim, Der Mensch ohne Ich, Freiburg im Breisgau, 1981.

Bohren, Rudolf, Lebensstil, Fasten und Feiern, Neukirchen-Vluyn, 1986.

Bohren, Rudolf, Wider den Ungeist: Predigten, München, 1989.

Bohren, Rudolf, In der Tiefe der Zisterne: Erfahrungen mit der Schwermut, München, 1990.

Bonhoeffer, Dietrich, Nachfolge, München, 1961.

Bonhoeffer, Dietrich, Gemeinsames Leben, München, 1973.

Dávila, Nicolás Gómez, Aufzeichnungen des Besiegten: Fortgesetzte Scholien zu einem inbegriffenen Text, Wien, 1994.

Eickhoff, Klaus, Brief an einen Hauskreis, Asslar, 2000.

Heschel, Abraham J., Der Mensch fragt nach Gott: Untersuchung zum Gebet und zur Symbolik, Neukirchen-Vluyn, 2, 1989.

Illies, Florian, Generation Golf: Eine Inspektion; Frankfurt a. M., 7, 2002.

Körtner, Ulrich H. J., Wie lange noch, wie lange? Über das Böse, Leid und Tod, Neukirchen-Vluyn, 1988.

Kunze, Reiner, auf eigene hoffnung: gedichte, Frankfurt a. M., 1981.

Friedrich Nietzsche, Das trunkne Lied, aus: Also sprach Zarathustra. Vierter und letzter Teil.

Nouwen, Henri J. M., Here and Now: Living in the Spirit, Crossroad, New York, 1999.

Picht, Georg, Mut zur Utopie, München, 1970.

Picard, Max, Die Flucht vor Gott, Erlenbach – Zürich, 1951.

von Rad, Gerhard, Predigten, München, 1972.

Saint-Exupery, Antoine de, Stadt in der Wüste, München, 1978.

Schütz, Paul, Charisma Hoffnung: Von der Zukunft der Welt, Hamburg, 1962.

Steinwand, Eduard, Verkündigung, Seelsorge und gelebter Glaube, Göttingen, 1964.

Thielicke, Helmut, Der Glaube der Christenheit, Göttingen, 1958.

Zulehner, Paul M., Ein Obdach der Seele, Düsseldorf, 1995.

Weitere Bücher des Autors

Heilsames gegen die Angst
... und weitere Impulse für
Herz und Verstand
Tb., 128 S., 11 x 18 cm
Best.-Nr. 271676
ISBN 978-3-86353-676-3

„Angst" – das schwere Thema unserer Zeit.

Manche Ängste sind körperlich bedingt. Da rufen wir am besten den Arzt, die Ärztin. Bei seelischen Ängsten ist psychologische Kenntnis gefragt. Bei Einsamkeitsängsten hilft am besten die Nähe eines lieben Menschen, der seinen Arm um uns legt, Liebes sagt, Geborgenheit schenkt.

Der hebräische Name unseres Gottes in der Bibel lautet „Jahwe". Das heißt: „Ich bin da!" Gott ist für uns da. Das verbürgt sein Name. Er umgibt uns von allen Seiten, umschließt uns mit seinen Armen. Um ihn geht es in diesem Büchlein.

**Dieses Leben ist
nicht genug**
*Impulse für Herz
und Verstand*
Tb., 112 S., 11 x 18 cm
Best.-Nr. 271767
ISBN 978-3-86353-767-8

Unser Leben ist kurz. In dieses kurze Leben nun packen wir viel zu viel hinein: Unmengen an Arbeit, Sorge und Mühe und auch Vergnügen. Nur nicht zur Ruhe kommen, nur nicht über den Sinn des Ganzen nachdenken! Dieses Leben – unsere letzte Gelegenheit. Da müssen wir herausholen, was nur geht. Viele aber kaufen ihre Zeit nicht aus, sie schlagen sie tot. Dieses kleine Buch ist ein Impuls gegen diesen Trend. Tatsächlich: Dieses Leben ist nicht genug. Die Lebenssehnsucht des Menschen will unendlich viel mehr!

Freude
Warum wir nicht genug davon kriegen
Tb., 64 S., 11 x 18 cm
Best.-Nr. 271611
ISBN 978-3-86353-611-4

Warum macht Lachen schön? Warum ist dennoch ein kurzweiliger Freudenrausch zu wenig? Und wo bekommt man echte Freude eigentlich her? Diesen und anderen Fragen widmet sich dieses Büchlein und zeigt, dass wahre Freude nur von Gott kommen kann.

Ich muss mit dir reden
Tb., 176 S., 11 x 18 cm
Best.-Nr. 271627
ISBN 978-3-86353-627-5

Unsere Zeit surft sich fasziniert durchs Internet. Wir fühlen uns informiert. Dabei wird übersehen, dass sich nur auf Oberflächen surfen lässt. In die Tiefe führt das alles nicht. Wo kommen wir her? Wo gehen wir hin? Was soll das Auf und Ab unserer Jahre, bis wir am Ende in die Gräber sinken? Eickhoff geht den großen Fragen der Menschheit auf den Grund, nimmt Leserinnen und Leser mit auf einen spannenden gedanklichen Weg. Die Hintergründe unseres Daseins werden uns aufgeschlossen – ruhig, liebevoll, horizonterweiternd, kraftvoll.

Mach mal Pause!
Tb., 80 S., 11 x 18 cm
Best.-Nr. 271198
ISBN 978-3-86353-198-0

Wir werden mit Informationen zugeschüttet, aber
was davon ist wirklich wichtig? Wir definieren uns
über Leistung oder Spaß, aber was ist der Sinn unseres Lebens? Klaus Eickhoff lädt dazu ein, innezu-
halten und aus dem Gedankenkarussell des Alltags
auszusteigen. Nachzudenken darüber, was im Leben
wirklich wichtig ist.